L'État Civil
DES ITALIENS
EN FRANCE

AIDE-MÉMOIRE
des Officiers de l'État Civil

PAR

Charles CORNETTE
Commis-Greffier.

PARIS
LIBRAIRIE MARESCQ AINÉ
CHEVALIER MARESCQ ET Cie SUCCESSEURS
20 — rue Soufflot — 20.
1889

L'État Civil

DES ITALIENS

EN FRANCE

AIDE-MÉMOIRE

des Officiers de l'État Civil

PAR

Charles CORNETTE

Commis-Greffier.

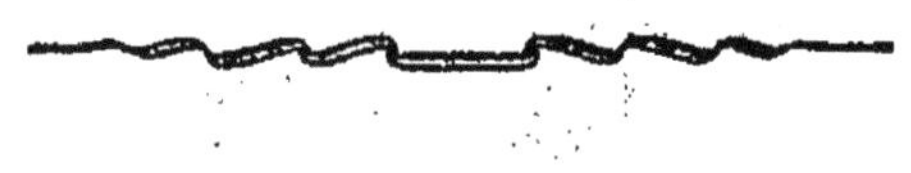

PARIS

LIBRAIRIE MARESCQ AINÉ

CHEVALIER MARESCQ ET Cie SUCCESSEURS

20 — rue Soufflot — 20.

1889

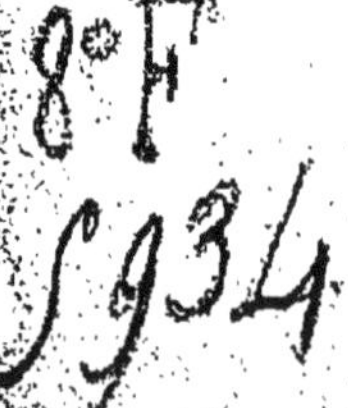

A Monsieur

GEORGES BOURGAREL

Substitut du Procureur de la République
à MARSEILLE.

HOMMAGE

de mon profond respect

et de ma vive reconnaissance.

C. C.

AVANT PROPOS

La vérification des registres de l'Etat civil à laquelle j'ai travaillé, sous la direction de magistrats distingués, (1) m'a permis de constater que les actes, concernant les étrangers, n'étaient pas tenus, avec toute la régularité désirable, par les fonctionnaires chargés de ce soin qui oubliaient ou ignoraient, le plus souvent, les règles du statut personnel de l'étranger qui se présentait à eux pour contracter mariage.

Dans notre région, le grand nombre de constructions de voies ferrées, les usines chimiques et métallurgiques, les exploitations houillères et différentes industries ont appelé et retenu beaucoup d'ouvriers étrangers. Presque tous sont Italiens. La proximité de leur frontière, la facilité des communications, la colonie italienne de Marseille, des conditions climatériques semblables à celles de leur pays expliquent cette immigration considérable des Italiens.

C'est à leur sujet surtout que j'ai eu lieu de relever ces oublis ou ignorances; c'est à leur sujet, par suite, qu'il me paraît plus utile de donner sur ce point un exposé de principes et de règles.

---

(1) MM. Fleury, décédé avocat général à Douai, et Georges Bourgarel, substitut à Marseille.

Les italiens qui arrivent en France à l'époque de leur majorité, y contractent, pour la plupart, mariage, et, après quelques années de séjour, retournent dans leur patrie. S'ils épousent une française, l'officier de l'Etat civil français étant seul compétent, c'est lui qui célèbrera le mariage ; lorsque les deux contractants sont d'origine italienne, l'éloignement de l'agent diplomatique de leur nation, les frais qu'occasionnerait leur déplacement pour se rendre auprès de lui, les déterminent toujours à s'adresser aussi à l'officier de l'Etat civil français.

Il m'a paru qu'un sérieux intérêt s'attachait à ce que les irrégularités auxquelles j'ai fait allusion fussent, autant que possible, évitées par les fonctionnaires français, tant pour les maris italiens que pour les femmes françaises qui suivent la condition de leur mari et deviennent italiennes. Il ne faut pas que, par défaut de précautions indispensables, la femme française qui, épousant un étranger perd sa nationalité, ne participe pas à la nationalité de son mari et soit tenue pour concubine dans le pays de ce dernier.

Ces considérations avaient préoccupé le gouvernement français, et, le ministre de la justice, par deux circulaires en date des 26 janvier 1873 et 23 mars 1883, a prescrit des mesures pour assurer la parfaite exécution des lois du royaume d'Italie, en ce qui concerne les sujets de ce royaume.

Pour faciliter la tache des magistrats et leur fournir les moyens de procéder régulièrement au mariage des italiens, j'ai mis tous mes efforts a réunir dans ce travail tous les éléments de législation italienne à ce relatifs, et j'ai examiné, le plus complètement possible, chacune des questions qui peuvent se présenter. Je n'ai pas voulu créer ni établir une doctrine. je n'en ai ni la prétention, ni l'autorité, mais mon but a été de guider, dans la pratique, par la coordination des lois et règlements, les officiers de l'Etat civil dans leurs délicates fonctions, surtout à l'époque actuelle où la science et le progrès ont donné une si grande extension aux rapports internationaux. C'est aux officiers de l'Etat civil à juger si mon but a été atteint.

INTRODUCTION

Pour la plus grande clarté de ce qui va suivre, nous croyons utile d'indiquer d'abord l'organisation de l'Etat civil en Italie, ensuite quelles sont les personnes qui doivent être considérées comme étrangères, bien que nées en France, et auxquelles le statut personnel de leur auteur doit être appliqué.

§ 1er L'Etat civil Italien.

En Italie, les provinces ou départements sont divisés en arrondissement *(circondario)*, en canton *(mandamento)* et en commune *(comune)*; comme sur notre territoire, chaque commune possède un conseil municipal (*municipio*), à la tête duquel se trouve le maire *(sindaco)*. Le maire, ou celui qui en remplit les fonctions, exerce les attributions d'officier de l'Etat civil ; il peut déléguer ces fonctions à un adjoint ou à un conseiller municipal, et pour les actes de naissance et de décès seulement, au secrétaire communal qui devient dans ce cas fonctionnaire.

Ces délégations doivent, pour être valables, recevoir le visa et l'approbation du Procureur du Roi près le tribunal d'arrondissement, elles sont dressées en double original, dont l'un est déposé au greffe du tribunal près lequel le Procureur est attaché et l'autre remis aux archives de la Mairie.

Les communes peuvent être divisées en plusieurs sections, suivant leur importance, et chacune d'elles possède un adjoint ou un conseiller municipal délégué par arrêté du Ministre de la Justice, et si aucun conseiller municipal ne réside dans le quartier ou section, la délégation peut être faite à un électeur du quartier.

L'officier de l'Etat civil est chargé:

1° De recevoir les actes concernant l'Etat civil des citoyens ;

2° De conserver et garder les registres qui ont rapport à l'état civil ;

3° De délivrer les extraits et certificats négatifs des actes de l'état civil et copie de toutes les pièces existant dans la mairie et de toutes celles qui y sont déposées provenant de l'étranger.

Les Greffiers des tribunaux d'arrondissement dépositaires de l'un des doubles des registres de l'état civil, comme le sont les greffiers français, ne peuvent eux délivrer des extraits d'actes d'état civil et des copies des pièces annexées à ces actes que dans les cas suivants :

1° Quand les registres dans lesquels se trouve l'acte demandé à la Mairie ont été perdus ou détruits ;

2° Quand l'acte demandé manque dans les registres de la mairie mais se trouve sur le double déposé ;

3° Quand l'extrait délivré par la mairie n'est

pas conforme à celui existant sur le registre dont le Greffier à la garde.

4° Quand enfin, il est sollicité copie de documents annexés au double des registres mais provenant de pays étrangers.

Il faut, pour que le greffier soit autorisé à délivrer les actes énumérés dans les articles 1 et 2 qui précèdent, que le requérant produise un certificat négatif de l'officier de l'état civil et, pour le paragraphe 3, l'acte défectueux doit être présenté. Les greffiers peuvent attester au bas des extraits délivrés par le maire leur conformité aux registres déposés aux archives du greffe.

Les agents diplomatiques et consulaires, les commissaires de marine, les capitaines et patrons de navire peuvent aussi, dans les cas déterminés par les lois et règlements, remplir les fonctions d'officier de l'état civil.

Les fonctionnaires que nous venons de désigner doivent transmettre, dans le délai de 3 mois, les actes de l'état civil aux communes qu'ils concernent. Seuls les agents diplomatiques ou consulaires peuvent en délivrer des copies.

Les officiers de l'état civil Italien dépendent du Ministre de la Justice et des grâces ; ils sont sous la surveillance immédiate du Procureur du Roi près le tribunal d'arrondissement, et ils doivent correspondre avec lui pour tout ce qui touche à l'état civil.

La signature du maire ou du greffier qui délivre un extrait d'acte de l'état civil doit être légalisée par le Président du tribunal de l'arrondissement lorsqu'on veut en faire usage hors des limites de ce dernier.

Dans chaque commune il doit être tenu les registres suivants:

1° **CIVIQUE**, sur lequel on transcrit :

(*a*) la déclaration de celui qui, réputé étranger, veut acquérir la qualité de citoyen italien;

(*b*) Celle du citoyen italien qui veut prendre la qualité d'étranger;

(*c*) Celle d'abandon de citoyen du royaume italien ;

(*d*) Celle du citoyen étranger qui veut fixer ou fixe son domicile en Italie.

(*e*) La déclaration de changement de domicile d'une commune à une autre du royaume.

2° **De NAISSANCE.**

3° **De MARIAGE.**

4° **De DÉCÈS.**

Qui sont conformes à un modèle donné par le gouvernement.

Les trois derniers registres sont tenus en double comme cela se pratique en France, leurs feuillets sont cotés et paraphés par le Président du tribunal civil de l'arrondissement ou par un juge délégué par lui.

Pour la bonne régularité des actes contenus dans ces registres, il est ordonné au juge de paix de visiter les communes de sa juridiction, dans la première quinzaine de janvier, mai et septembre, et de procéder à une inspection des actes inscrits sur les registres afin de s'assurer si ces derniers sont tenus avec régularité et précision; si tous les documents exigés par la loi ont été produits ; s'ils sont conformes aux règlements et surtout *si ces documents sont insérés aux volumes des annexes*; si les actes sont inscrits sur les deux registres originaux et en général, si les lois et règlements sur la matière ont été observés.

Le juge de paix dresse un procès-verbal de sa visite, sur lequel il indique le jour où elle a lieu, le nombre des actes inscrits et vérifiés sur chacun des registres, les observations faites sur chacun des actes défectueux. Son procès-verbal est signé par lui et par l'officier de l'Etat civil.

La vérification terminée, le juge de paix porte à la suite du dernier acte, la mention : *vérifié cejourd'hui le*.......... et y appose sa signature.

Le Procureur du roi peut, à toute époque, vérifier les registres ou déléguer le juge de paix ; il envoie chaque année, en mars, les procès-verbaux de vérification.

Les documents produits à l'appui des actes de mariages ou autres sont paraphés et cotés par l'officier civil et réunis d'abord sous un fascicule portant un numéro ; sur la couverture de ce fascicule sont indiqués :

1° Les noms, prénoms de ceux auxquels l'acte se réfère;

2° Le registre qui contient l'acte et le numéro d'ordre que porte l'acte désigné;

3° Le nombre des pièces jointes à ce dossier.

Il est ensuite formé 4 volumes de ces pièces appelées « LES ANNEXES », soit un volume pour chacun des registres ; chaque volume porte son numéro et ils sont déposés au greffe du tribunal avec les doubles des registres. (1)

Il est encore tenu un registre de publications de mariage, nous en parlerons au paragraphe des publications.

---

(1) Dans l'intérêt d'une bonne administration, dans l'intérêt des parties qui peuvent recourir aux pièces annexées aux actes de l'état civil, il serait désirable de voir s'introduire en France le système employé par l'Italie, pour les annexes. Ces pièces, en France, réunies en un seul paquet sans couverture, le plus souvent sans indication ni signature au dos, sans aucun lien pour retenir les feuilles volantes, sont exposées à être égarées dans les Mairies pendant le cours de l'année; il est des maires même qui entassent pêle-mêle les documents qui leur sont remis et les adressent ainsi au Procureur, pour être déposées dans les greffes où leur recherche est quelquefois infructueuse quand une copie en est demandée.

Sans attendre un règlement de l'administration supérieure, les officiers de l'état civil pourraient suivre ce système, au moins en ce qui concerne les dossiers et les indications y relatives, leur reliure restant évidemment à la charge du département ; mais, hélas ! peut-on espérer de voir les Conseils généraux voter des fonds à cet effet, quand plusieurs d'entr'eux ont refusé d'allouer les sommes nécessaires à la reliure des registres de l'état civil déposés aux greffes.

De cette simple énumération de registres, de l'indication de leur tenue et de celle des attributions des maires et greffiers italiens, on peut déduire une observation importante.

Les officiers de l'Etat civil français qui voudront, dans l'intérêt de leurs administrés indigents, s'occuper de réunir les pièces nécessaires au mariage entre Français et Italiens devront toujours s'adresser aux maires du lieu de naissance ou du domicile, suivant les cas, afin d'éviter des retards. Ils ne devront s'adresser aux greffiers des tribunaux que dans quelques rares cas.

§ 2. — De ceux qui naissent ou deviennent Italiens sur le sol français et de ceux qui naissent français sur le sol étranger.

Le lieu de naissance n'est plus attributif de nationalité et il n'influe en rien sur l'état civil de l'enfant à l'exception de quelques cas spéciaux.

L'enfant né en France d'un italien est italien, en vertu d'un principe de nationalité, il appartient à la nation de son père, et bien que ce dernier ait obtenu l'autorisation de résider en France et d'y fixer son domicile, l'enfant naît étranger.

L'enfant naturel né en pays étranger, d'une femme française et d'un père inconnu, naît français, (1) mais il perd cette qualité si plus

---

(1) Toullier t. 1er no 206.— Duranton t. 1er no 122.

tard il est reconnu et légitimé par un étranger, alors surtout qu'il a accepté cette reconnaissance et porté le nom de son père. (1)

Au contraire, l'enfant naturel né en France et même en pays étranger, d'une mère étrangère et d'un père inconnu, devient français s'il est reconnu par un français.

L'enfant naturel qui nait sur le sol français et qui n'est reconnu ni par son père, ni par sa mère, est français.

L'enfant naturel reconnu par un père et une mère de nationalité différente, suit la condition du père. (2)

L'article 9 du Code civil français permet, à celui qui est né en France, d'un père étranger, de réclamer la qualité de Français dans l'année qui suivra sa majorité, en se conformant aux dispositions contenues dans cet article et faisant sa soumission de résider en France et d'y établir son domicile. Ce n'est point une faveur qu'on lui accorde, mais un droit qu-il exerce en profitant de l'article 9.

Le législateur a pensé en créant cet article que l'individu né en France, qui y avait été élevé s'était attaché à sa patrie de fait, et désirait rester et s'enchaîner au sol natal.

Quelle est la majorité dont parle l'article 9? Est-ce celle de la loi française ou celle du pays auquel l'enfant appartient jusqu'à la ré-

---

(1) S. V. 40 — 1 — 900.
(2) D. P. 75 — 1 — 316.

clamation du droit que lui donne cet article 9, et auquel il appartiendra toujours s'il ne fait point cette réclamation?

La question est fort controversée et devant les nombreuses autorités qui décident dans un sens ou dans l'autre, on peut en dire : ad huc sub judice lis est. (1)

Mais comme la majorité italienne est fixée à la même époque que la majorité française toute discussion à cet égard est ici oiseuse.

Si donc un individu né en France d'un père italien et âgé de plus de 21 ans se présentait pour contracter mariage sans qu'il put justifier de la déclaration prescrite par l'article 9 du Code civil, et ce dans le délai voulu, il devrait être considéré comme italien et par cela seul, soumis au règles du statut personnel des italiens.

Cette déclaration dont parle l'article 9 doit être faite à la municipalité du lieu de résidence ou devant les agents diplomatiques français quand le déclarant réside à l'étranger ; c'est-à-dire, soit devant les officiers de l'état civil, soit devant les consuls.

Si la déclaration n'a pas été faite dans l'an-

---

(1) Voir Delvincourt, t. 1er, p. 13. Coin Delisle no 13;
Dalloz, droit civil, art. 1er. sect. 2; Duranton, t. 1er, no 129;
Rolland de Villargues, no 9; Aubry et Rau, t. 1er, § 70.
Daniel de Folleville, des Français par droit de naissance, p. 35 ; Laurent, cours élémentaire de droit, t. 1er no 58; Marcadé, t. 1er, no 148.

née qui a suivi la majorité, l'italien né en France garde sa nationalité et ne peut plus acquérir la qualité de Français que par la naturalisation ; l'inscription sur les listes électorales lui est à bon droit refusée (D. P. 72. 1. 392.)

L'article unique de la loi du 22 mars 1849 a cependant apporté une modification à l'article 9, en admettant même après l'année qui suivra l'époque de sa majorité à faire la déclaration prescrite par l'article 9 c. c.

1° Celui qui servira ou aura servi dans les armées de terre ou de mer.

2° Celui qui aura satisfait à la loi du recrutement sans exciper de son extranéité ;

L'article 1er de la loi du 7 février 1851, modifiée par la loi du 16 décembre 1874 décide que l'enfant né en France d'un étranger qui lui-même y est né est de nationalité française si dans l'année qui suit sa majorité, telle quelle est fixée par la loi française, c'est-à-dire avant d'avoir atteint 22 ans, il ne déclare vouloir prendre la nationalité de son père et devenir étranger ; cette déclaration se fait également à la Mairie du domicile du père ou devant les agents diplomatiques et l'individu qu'elle concerne est inscrit d'office sur les listes de recrutement et astreint au service militaire encore bien, qu'il ait fait cette déclaration, s'il ne produit pas une attestation en due forme du gouvernement dont il déclare être le sujet, constatant qu'il a satisfait aux lois de recrutement de ce pays.

Cette attestation est annexée à la déclaration qui peut, dans tous les cas, être faite par procuration spéciale et authentique.

Donc l'enfant né en France d'un père italien qui lui-même y est né faisant sa déclaration dans une municipalité française mais ne produisant pas l'attestation en due forme des fonctionnaires du royaume Italien, est inscrit d'office sur les tableaux de recensement français et est astreint au service militaire dans les armées françaises.

En revanche il est de jurisprudence que l'enfant né en France d'un étranger, qui lui même y est né, ne peut réclamer, après l'année de sa majorité, la qualité de Français s'il a excipé de son extranéité pour ne point satisfaire à la loi du recrutement alors, même, qu'ils se serait fait inscrire plus tard comme omis sur les tableaux de recrutement. (D. P. 72. 1. 55.

Enfin le 2me article de la loi du 16 décembre 1874 porte : « Les jeunes gens auxquels s'applique l'article précédent peuvent, soit s'engager volontairement dans les armées de terre ct de mer, soit contracter l'engagement conditionnel d'un an, conformément à la loi du 17 juillet 1872, titre IV troisième section, soit entrer dans les écoles du gouvernement à l'âge fixé par les lois et règlements, en déclarant qu'ils renoncent à réclamer la qualité d'étranger dans l'année qui suivra leur majorité.

Cette déclaration ne peut être faite qu'avec le consentement exprès et spécial du père, ou à défaut du père, de la mère, ou à défaut des père et mère, qu'avec l'autorisation du conseil de famille. Elle ne doit être reçue qu'après les examens d'admission et s'ils sont favorables.

Le second article de cette loi du 7 février 1851 dispose que l'article 9 du code civil sera applicable aux enfants de l'étranger naturalisé si au moment de la naturalisation ils sont mineurs.

A ceux qui ont atteint à ce moment là leur majorité, qu'ils soient nés en France ou à l'étranger, il est accordé un an, à partir du jour de la naturalisation de leur père, pour bénificier des avantages de l'article 9.

Une loi du 14 février 1882, rappelant d'abord cet article 2 de la loi du 7 février 1851. a ensuite étendu aux enfants mineurs de l'étranger naturalisé avant la naturalisation des parents, les dispositions que l'article 2 de la loi du 16 décembre 1874 portant au point de vue des engagements volontaires et conditionnels dans les armées françaises et de l'entrée dans les écoles du gouvernement, au sujet des enfants nés en France d'un étranger, qui lui même y est né, et cela aux mêmes conditions.

Enfin cette loi du 7 février 1851 et les modifications y apportées par le législateur du 14 février 1882 deviennent applicables aux enfants : « d'un français qui après avoir perdu la qualité de français par l'une des 3 causes exprimées dans l'article 17 du code civil (1) a

(1) Art. 17, c. c. — La qualité de Français se per-

recouvré sa nationalité française conformément à l'article 18 du code civil » (1).

Enfin, le 28 juin 1883, était promulguée une loi relative aux enfants mineurs nés en France d'une femme française mariée avec un étranger.

En voici l'article unique :

« Pourront, à l'âge fixé par les lois et règle-
« ments, s'engager dans les armées de terre
« et de mer, contracter l'engagement volon-
« taire d'un an, se présenter aux écoles du
« gouvernement, les enfants mineurs nés en
« France, d'une femme française mariée avec
« un étranger, lorsqu'elle recouvre la qualité
« de française, conformément à l'article 19 du
« code civil. » (2) Auront les mêmes droits, les mineurs orphelins de père et de mère, nés en France d'une femme française mariée avec un étranger. Lesdits mineurs pourront dans les cas prévus par les 2 paragraphes précédents, s'engager, concourir pour les

---

dra : 1° par la naturalisation acquise en pays étranger ; 2° par l'acceptation non autorisée par le Président de la République, de fonctions publiques conférées par un gouvernement étranger ; 3° Enfin par tout établissement fait en pays étranger sans esprit de retour. Les établissements de commerce ne pourront jamais être considérés, comme ayant été faits sans esprit de retour.

(1) Art. 18, c. c. — Le français qui aura perdu sa qualité de français pourra la recouvrer, en rentrant en France avec l'autorisation du Président de la République, et en déclarant qu'il veut s'y fixer, et qu'il renonce à toute distinction contraire à la loi française.

(2) Art. 19, code civil.

écoles et opter pour la nationalité française aux conditions et suivant les formes déterminées par la loi du 14 février 1882.

Nous avons vu que pour les diverses déclarations dont parlent les lois que nous venons de mentionner il faut le consentement exprès et spécial du père, à défaut du père, celui de la mère, et à défaut du père et de la mère l'autorisation du conseil de famille.

La loi du 16 décembre 1874 ne dit pas quel doit être ce conseil de famille. La loi du 14 février 1882, à laquelle renvoie la loi du 28 juin 1883, dit, que ce conseil de famille sera conforme au statut personnel. Il est certain pour nous qu'il doit être suppléé au silence de la loi du 16 décembre 1874 en conformité avec la disposition précise de la loi du 14 février 1882.

Dans l'un et l'autre cas les enfants sont toujours étrangers jusqu'après leur déclaration et partant, soumis à leur statut personnel ; il ne peut donc y avoir pour eux conseil de famille que s'il est réuni et composé suivant les lois de leur pays.

Pour les Italiens qui se trouveront dans une des hypothèses prévues par ces différentes lois, le conseil de famille devra être réuni en Italie et composé suivant les prescriptions des articles 251 et suivants du code civil Italien.

La loi Italienne prévoit le cas de perte de la qualité d'Italien : 1° par l'acquisition de la qualité de citoyen étranger dans un pays étranger ; 2· par l'acceptation de fonctions publiques dans un pays étranger, (art. 11, c. c. i, paragraphes 2 et 3) et son code attribue à la femme française épousant un italien la qualité d'Italienne qu'elle conserve même étant veuve. (Article 9 c. c. i.)

La loi française (art. 19) lui permet de recouvrer sa nationalité d'origine en faisant, si elle demeure à l'étranger, sa soumission de résider en France et d'y rétablir son domicile ; mais elle recouvre cette qualité de plein droit, si au moment du décès du mari, elle habitait avec lui le territoire français et, dans ce cas, elle n'est pas obligée de déclarer qu'elle veut fixer son domicile en France, (1) elle conserve la tutelle légale de ses enfants qui ne deviennent pas cependant français, ils restent étrangers jusqu'à leur majorité et n'acquièrent à cette époque la qualité de français qu'après avoir fait la déclaration exigée par l'article 9 du code civil; mais l'article 10§2 dn code civil peut-il être applicable à l'enfant issu de son mariage qui est étranger, né à l'étranger ? peut-il, l'époque de sa majorité arrivée, invoquer l'ancienne condition de sa mère pour bénéficier de cet article ?

Plusieurs auteurs pensent que oui et ne voient point de raison pour en douter. Ils estiment que la même faveur doit être accordée à l'enfant d'un ci-devant français et à celui d'une

(1) S - 30 - 1 - 325. D. P. 30 - 1 - 240. Coin Delisle pag. 65 n° 5. — Duranton n° 193 bis. — Mourlon pag. 113 n° 188. — Aubry et Rau t. 1er § 75. — D. P, 73 - 1 - 297.

ci-devant française; (1) mais un jugement du tribunal de la Seine, et la cour de cassation de Belgique plus tard, ont décidé dans un sens opposé en se fondant qu'un tel enfant n'est pas né en France d'un étranger ni à l'étranger d'un ci-devant français, seules hypothèses prévues par l'article 10. (30 juillet 1855, J. P. 56 -2- 74. Cassation Belgique 24 février 1874. D. P. 75 -2- 149)

Donc, les individus nés en France de parents étrangers et les individus nés à l'étranger de parents étrangers naturalisés français et mineurs au moment de la naturalisation de ces derniers, concourent dans le canton de leur domicile, au tirage qui suit la déclaration faite par eux, en vertu de l'article 9 du code civil et de l'article 2 de la loi du 7 février 1851, et 1er de celle du 14 février 1882. Les individus déclarés français en vertu des articles 1er de la loi du 7 février 1851, 1er de celle du 15 décembre 1874, concourent également, dans le canton de leur domicile, au tirage qui suit l'année de leur majorité, s'ils n'ont pas réclamé la qualité d'étranger et produit les attestations prescrites par ladite loi. Les uns et les autres ne sont assujettis qu'aux obligations de service de la classe à laquelle ils appartiennent par leur âge. (Art. 9 de la loi du 27 juillet 1872).

Une autre loi du 28 juin 1883 a accordé,

---

(1) Demolombe -1- 267 — Aubry et Rau 1 § 70 Demante t. 1, n° 20 bis. III. — Boutry. — Les étrangers devant la loi française, 1re partie pag. 20. — Mourlon, tome 1er page 100 n° 160.

aux mineurs nés en France d'une mère française mariée avec un étranger et ayant recouvré sa qualité de française par suite du décès de son mari, la faculté de s'engager dans les armées de terre et de mer et d'entrer dans les écoles du gouvernement. Les mineurs orphelins de père et de mère, nés en France d'une femme française, mariée avec un étranger, ont les mêmes droits.

Les uns et les autres peuvent concourir pour les écoles et opter pour la nationalité française aux conditions et suivant les formes déterminées par la loi du 14 février 1882.

Enfin, lorsque dans des cas exceptionnels le maire éprouvera des difficultés, il pourra toujours s'adresser au Procureur de la République qui lui fournira les indications nécessaires ; quoiqu'on ne puisse exiger des officiers de l'état civil des connaissances étendues, il est désirable qu'ils se suffisent à eux mêmes, les magistrats des parquets étant, le plus souvent, surchargés de travail et ne pouvant toujours répondre rapidement.

CHAPITRE I.

Des conditions requises des Italiens pour contracter mariage.

Les étrangers peuvent valablement se marier en France, soit entre eux soit avec des français, (1) et il est généralement admis que c'est la loi de leur pays qui régit leur capacité en France. (2) Cela résulte, disent tous les auteurs, du texte même de l'article 3 du code civil et de la discussion à laquelle il a donné lieu, puisque les étrangers ne sont pas admis aux lois civiles qui règlent l'état des personnes ; si le législateur en avait voulu disposer autrement il aurait pris soin de le dire. En effet, il s'exprime ainsi :

Les lois de police et de sureté obligent tous ceux qui habitent le territoire.

Les Immeubles mêmes possédés par des étrangers sont régis par les lois françaises.

---

(1) Avis du Conseil d'Etat des 2me et 4me jours complémentaires an XIII.

(2) Duranton, t. 1er no 93. Demolombe, t. 1er no 98. Aubry et Rau, t. 1er § 31.
Laurent, Principes de droit civil, t. 1er no 84.
Chambéry, 15 juin 1869.

Les lois concernant l'état et la capacité des personnes régissent les français même résident en pays étranger.

La loi ne parle que des Français, son silence à l'égard des étrangers fait penser aux auteurs qu'elle a voulu que cette capacité fut réglée par la loi de leur nation à moins toutefois que cette loi ne consacre un état contraire à l'ordre public : comme la polygamie ou l'esclavage. (1) Les droits de famille, les liens et les obligations qui en résultent font partie du statut personnel ; la faculté de se marier est donc déterminée pour chacun des époux par la loi de son pays. (2)

La loi Italienne règle et régit la capacité de l'Italien partout où il se trouve ; par conséquent, celui qui veut se marier en France est soumis à l'obligation de ne point contrevenir aux dispositions contenues dans la section seconde du chapitre 1er du Code civil italien, dont nous parlerons tout à l'heure, et relatives aux conditions requises pour contracter mariage.

Deux législations lui sont imposées.

1° La législation française, pour ce qui est relatif aux formes extrinsèques du mariage, à la célébration de ce dernier, aux publica-

(1) Mourlon, n° 79bis, t. I.; Félix, n° 30; Bourges, 26 mai 1858. D. P. 58. 2. 178. Rousseau et Laisney, t. 4. page 275.

(2) D. A. V° Lois 393. Mariage 307. Rousseau, t. 4. page 275.

tions préalables, à la rédaction de l'acte, au nombre et à l'âge des témoins; en un mot, à la manière de constater l'accomplissement de cet acte;

2° Son statut personnel, la loi de son pays, pour ce qui concerne son âge, le consentement de ses ascendants et autres causes que nous énumèrerons ci-après.

Les solennités extrinsèques des actes de mariage et la manière d'en constater l'accomplissement, régies par la loi française sont trop connues des officiers de l'état civil pour que nous en parlions ici; nous considérons comme oiseux et complètement inutile d'entrer dans des développements sur cette matière, nous nous contenterons de les énumérer succintement.

La faculté de se marier ne pouvait pas être circonscrite au royaume d'Italie pour les sujets de ce royaume et la loi nationale leur a réservé la facilité de s'unir devant l'agent diplomatique de leur patrie, quand il est célébré entre nationaux hors du territoire du royaume, et devant l'officier de l'état civil étranger, lorsqu'ils épousent une étrangère. L'officier de l'état civil Français est également compétent pour procéder au mariage entre italiens lorsqu'ils se présentent à lui.

Il n'est donc pas sans intérêt pour les agents chargés de la constatation des actes de l'état civil, de connaître les règles qui régissent la capacité des Italiens; capacité personnelle que la jurisprudence constante, et tous les écrivains ont cru devoir appliquer aux étrangers et que le législateur Italien a parfaitement déterminé dans son article 6 du titre préliminaire du Code civil.

« L'état et la capacité des personnes et les rapports de famille sont réglés par les lois de la nation à laquelle ces personnes appartiennent. »

De même que dans son article 367 il a expliqué son intention d'accepter les actes faits à l'étranger selon les formes du pays par analogie avec l'article 47 de notre code.

Art. 367. Code civil Italien.— « Les actes de l'état civil passés en pays étrangers feront foi lorsqu'on aura observé les formes établies par les lois du lieu.

« Il est du devoir de tout citoyen qui a fait procéder à un tel acte d'en remettre copie, dans le délai de trois mois, à l'agent diplomatique ou consulaire le plus voisin de sa résidence à moins qu'il ne préfère le transmettre directement à l'officier de l'état civil indiqué dans l'article suivant. »

Le chapitre V du code Italien, sous le titre de « mariage des nationaux en pays étranger » porte dans son article 100 :

« Le mariage célébré en pays étranger entre nationaux ou entre un national et un étranger est valide pourvu qu'il soit célébré selon les formes établies dans ce pays et que le national n'ait point contrevenu aux dispositions contenues dans la seconde section du chapitre 1er de ce code.

« Les publications devront aussi se faire dans le royaume conformément aux prescriptions des articles 70 et 71. (1) Si le futur époux Italien n'a pas de résidence dans le Royaume, les publications se feront dans la commune du dernier domicile. »

La première partie du premier paragraphe de cet article établit la validité du contrat passé en pays étranger, s'il a été observé les formes usitées dans ce pays ; ces formalités extrinsèques acceptées par l'Italie sont, en les résumant :

1° La célébration du mariage dans une salle publique de la maison commune sauf quelques rares cas déterminés par la loi, avec l'assistance de 4 témoins, parents ou non parents et sachant autant que possible signer ;

2° La célébration du mariage dans la communeoù l'une des parties contractantes à son domicile ;

La lecture des pièces annexées au mariage ;

4° La déclaration des époux de se prendre pour mari et femme ;

5° La lecture du chapitre 6 du code civil du titre du mariage ;

6° La prononciation de l'union au nom de la loi par l'officier de l'état civil ;

7° La rédaction de l'acte de mariage con-

---

(1) Voir ces deux articles au chapitre des publications.

tenant toutes les énonciations voulues par la loi;

8° Le nombre et l'âge des témoins;

9° Enfin les deux publications prescrites.

Pour les actes de naissance et de décès :

Les délais pour les déclarations;

L'âge et le sexe des témoins;

Enfin la situation du déclarant.

Pour les publications :

L'affichage extérieur des promesses et leur double publication à 8 jours d'intervalle et le dimanche;

L'indication des noms, prénoms, profession et domicile des futurs époux, et les mêmes indications pour les parents des contractants.

Mais la fin du premier paragraphe soumet le national à la nécessité de ne point contrevenir aux dispositions de la seconde section du chapitre 1er du titre V du code civil Italien.

Nous examinerons toutes ces dispositions qui comprennent depuis l'article 55 jusqu'à l'article 69 et les rapprocherons de notre code afin de les confondre avec ceux qui ont une ressemblance parfaite avec les articles italiens, en établissant d'une manière précise les différences existant avec le code français.

Art. 55. — « *L'homme avant d'avoir* 18 *ans accomplis, la femme avant* 15 *ans révolus, ne peuvent contracter mariage.* »

La concordance exacte de notre article 144

c. c., nous permettra de ne point entrer dans de longs développements. L'âge de la puberté varie selon les climats, bien que la loi romaine fixat cette puberté à un âge plus tendre, le législateur italien a choisi un âge plus avancé. La société est intéressée à la perfectibilité physique de l'homme, elle ne doit pas être compromise en autorisant la réunion de ceux qui ne sont pas en état d'engendrer.

Ce n'est que le premier jour de la dix-neuvième année pour l'homme et de la seizième année pour la femme que peut être célébrée l'union, à moins d'y être autorisé par le chef de l'Etat, ce dont nous parlerons à l'article 68. — Si pour une cause quelconque, l'article 55 du code Italien était modifié et l'âge fixé diminué, l'Italien devrait être admis à contracter mariage en France, bien qu'il n'eût pas l'âge requis par l'article 144 du code Français.

Art. 56. — « *Celui qui est lié par un précédent mariage ne peut pas en contracter un autre.* »

Notre article 147 c. c. f. défend de contracter un second mariage avant la dissolution du premier; le code italien porte cette même prohibition.

Certains auteurs refusent, en effet, aux lois étrangères le statut personnel en France, quand ces lois paraissent contraires à l'ordre public et n'admettent point que le citoyen, dont les lois de son pays permettent la polygamie, puisse épouser 2 femmes.

(Boutry. — Les français et les étrangers devant la loi française.)

MM. Arabio et Correa, dans les annotations de l'article 56 s'expriment ainsi :

Toutes les législations de l'Europe civilisée, comme l'Italie, prohibent à celui qui est lié par un précédent mariage d'en contracter un nouveau.

Si la multiplicité des femmes et des maris peut être tolérée dans certain climats et à certaines époques elle ne peut pas être justifiée; elle trouble et corrompt les familles, pour ainsi dire et, par suite, la société; une telle multiplicité étant contraire à l'hygiène, à la dignité et au but du mariage qui est de confondre les affections et l'âme des époux. C'est pour cela que celui qui a contracté un mariage et qui veut en contracter un second doit prouver la dissolution du premier. L'Italien séparé de corps, dans son pays, ne peut pas bénéficier de la loi du divorce en France, et contracter un autre mariage même en s'y faisant naturaliser. (1)

Non, il n'est pas possible a dit le savant M. Gabba. (2) à moins de fouler aux pieds les plus évidents et les plus impérieux égards entre nations civilisées, de renier complètement le principe tout aussi élémentaire et sacré de l'inviolabilité des droits acquis; il

---

(1) Aubry et Rau § 469 t. 5.

(2) Le second mariage de la princesse de Beauffremont et le droit international p. 14.

n'est pas possible, dis-je, que la même personne soit censée être mariée dans un pays et ne pas l'être dans un autre; que le droit international puisse autoriser un individu à divorcer et à se marier dans un pays après avoir contracté un mariage indissoluble dans un autre pays où son conjoint continue à résider, mais, ne peut pas en faire autant; qu'il y ait eu ou non séparation de corps entre les deux conjoints; que celui d'entre eux qui s'est expatrié ait été naturalisé ou non à l'étranger, qu'elles qu'aient été les circonstances de cette naturalisation rien ne peut justifier une si choquante infraction à ce qu'on peut appeler le droit naturel des peuples et des individus.

Art. 57. — La femme ne peut contracter un nouveau mariage que dix mois après la dissolution ou l'annulation du précédent mariage sauf dans le cas indiqué dans l'article 107.

Cette défense cesse le jour où la femme a accouché.

Art. 107. — *L'impuissance manifeste et perpétuelle lorsqu'elle est antérieure au mariage peut être proposée comme cause de nullité par l'autre conjoint.*

La veuve ne peut se remarier avant l'expiration d'un délai de dix mois depuis la dissolution du précédent mariage, dit l'article 228 du c. c. f.

L'officier de l'état civil qui célèbrerait l'union avant l'accomplissement de ces dix mois de viduité serait passible d'une amende de 16 à 300 francs.

Le chef de l'état ne peut même pas accorder de dispenses pour l'abréviation de ce délai (lettre ministérielle du 30 juin 1813).

L'article 57 précité s'est écarté de notre loi : 1° en y faisant une notable addition qui abrège le délai absolu de viduité de la loi française. Il est à croire que si le divorce était permis en Italie, ce même article abrègerait également, dans les mêmes cas, le délai imposé en France à une femme divorcée pour se remarier.

2° En autorisant la femme à contracter un nouveau mariage avant les dix mois, c'est-à-dire 300 jours, si avant l'expiration de ce temps elle a accouché. — La preuve de l'accouchement résulterait de l'acte de naissance régulièrement dressé de l'enfant issu de la femme qui désire contracter mariage.

Si l'annulation du mariage est prononcée pour cause d'impuissance manifeste et perpétuelle, conformément aux dispositions de l'article 107 c. c. i.; ce qui se produit très rarement, il semble évident qu'en suivant le statut personnel de l'italien, il peut être procédé au mariage entre italiens ou entre un de ces derniers et un français, avant le délai de dix mois, sur le vu du jugement ou de l'arrêt définitif qui prononce la nullité du mariage antérieur; que la célébration du second mariage, en effet, semble ne pouvoir être retardée sous le prétexte du défaut de délai puisque l'article 57 du code civil italien permet de ne pas les observer et qu'il n'y aurait point à craindre des poursuites en exécutant les prescriptions de la loi italienne pour des sujets de ce royaume. Mais nous allons voir bientôt qu'il en est autrement.

Les commentateurs italiens trouvent dans cette disposition de graves inconvénients pour décider sur la paternité des enfants qui pourraient naitre avant le terme fixé, dans le cas ou l'impuissance aurait été mal établie.

La confusion de part, en effet, ne peut pas être prévenue et il est à remarquer qu'un arrêt de la cour de Paris, du 13 août 1872, a décidé que le délai de dix mois imposé à la femme, soit après son divorce, soit après la dissolution de son mariage prononcé de toute autre manière, doit être exigé pour la femme étrangère alors même, que sa loi personnelle l'autoriserait à se remarier aussitôt après le divorce et aurait pourvu par d'autres moyens à la nécessité de prévenir les confusions de part.

(D. P. 1873.— 2. 160. Maire du 8me arrondissement contre Mayer.) (1)

---

(1) La COUR: — Condidérant que l'art. 228 code civil, en interdisant à la femme de contracter un second mariage avant dix mois révolus depuis la dissolution du premier, édicte une prohibition d'ordre public basée sur le soin de prévenir les filiations équivoques et sur des raisons de décence publique;

Que l'art. 194 code pénal, qui prononce une peine contre l'officier de l'état civil celébrant un mariage au mépris de la disposition de l'art. 228, manifeste particulièrement le caractère d'ordre public de cette disposition prohibitive;

Que vainement la dame Mayer, femme prussienne, divorcée du sieur Sachs, en vertu d'un jugement du Tribunal de Francfort, à la date du 24 novembre 1871, excipe de son statut personnel, déterminé par la législation francfortoise, qui lui permettrait de contracter aussitôt après son divorce un second mariage;

Que le statut francfortois, régissant la capacité de la dame Mayer, est sans application possible en France quand il y rencontre une disposition prohibitive fondée sur l'ordre public;

Que l'ordre public prévaut alors de toute nécessité sur le statut étranger qui le violerait;

Qu'on objecte à tort que, dans l'espèce, la prohibition de l'art. 228 devait fléchir devant le statut personnel étranger, parce que la législation de Francfort, formatrice de ce statut, ne serait pas contraire aux vues de la loi française sur la nécessité de prévenir les confusions de part, mais aurait pourvu à cet intérêt de la constitution de la famille par d'autres moyens;

Considérant, sur ce point, que les conditions de l'ordre public en France dépendent uniquement des règles souveraines de la loi française;

Que les tribunaux ne sauraient chercher d'équivalent à la sagesse de ces règles dans les dispositions du droit étranger;

Qu'une prohibition d'ordre public, clairement exprimée par nos lois, exclut d'une manière absolue tout ce qui tend, pour quelque cause que ce soit, à l'enfreindre;

Que le maire du 8me arrondissement s'est donc refusé à bon droit à célébrer le second mariage dans le quel la dame Mayer voulait s'engager quatorze jours après la sentence de divorce qui avait dissous son mariage précédent;

Par ces motifs, Infirme le jugement du tribunal de la Seine du 4 janvier 1872.

Du 13 février 1872. — C. de Paris, 1re Chambre. — MM. Gilardin, 1er président, Aubépin, avocat gén.

Il ne faut donc pas procéder au mariage d'un Italien qui serait dans l'un de cas prévus par cet article.

Art. 58. — En ligne directe, le mariage est prohibé entre tous les ascendants et descendants légitimes ou naturels et les alliés de la même ligne.

Cet article est d'une concordance parfaite avec notre article 161. L'Italie a suivi l'exemple d'un grand nombre de nations qui ont de tous temps défendu le mariage entre ascendants et descendants.

La morale universelle réprouve de pareilles unions ; les permettre serait encourager la corruption et enlever à la famille ses liens les plus sacrés. — L'article 104 Italien prononce de plein droit la nullité de l'union contractée au degré prohibé et qui peut-être proposée. non seulement par les parties, mais par le Ministère public, et l'article 481 du code pénal de cette nation édicte une pénalité à l'égard d'un pareil inceste.

Ces prohibitions atteignent donc : le père, la mère, l'aïeul, l'aïeule, le bisaïeul, la bisaïeule, dans la ligne ascendante ; le fils, la fille, le petit-fils, petite-fille, arrière petit-fils, arrière petite-fille, dans la ligne descendante

---

(Conf. Aubry et Rau, Droit civil français, 4me édition, t. 1, § 31, p. 96 ; Demolombe, t. 1, n° 100. L Cour de Paris admet le droit, pour l'étranger divorc conformément à la loi de son pays, de contracter un nouveau mariage en France, même avec un Français.

L'alliance empruntant ses lignes et ses degrés à la parenté, chacun des époux étant ainsi allié avec les membres de la famille de l'autre époux dans la même ligne et dans le même dégré que celui-ci, leur est parent; les dispositions de cet article leur sont applicables.

Le mariage est prohibé entre la belle-mère et le fils de son mari issu d'un premier mariage (1); il est également prohibé entre le beau-père et la fille de sa première femme, quoique celle-ci soit décédée sans laisser d'enfant (2); mais il est autorisé entre un individu et la seconde femme de son beau-père (3).

Quand un homme resté veuf avec une fille de son premier mariage vient à mourir après avoir convolé en secondes noces, que sa femme remariée à un autre décède elle-même, le second mari peut épouser la fille du premier. Cette sorte d'union est permise (4).

Art. 59.— En ligne collatérale, le mariage est prohibé: 1° entre les sœurs et les frères légitimes ou naturels; 2° les alliés au même degré; 3° l'oncle et la nièce, la tante et le neveu.

Parfaite identité avec les articles 162 et 163 du code français.

---

(1) Lettre Ministérielle, 4 juillet 1836.
(2) id. id. 19 juillet 1843, tribunal de Vienne 28 décembre 1865.
(3) id. id. 18 février 1808.
(4) id. id. 12 thermidor an XIII.

En ligne collatérale, on considère avec raison comme contraire au droit naturel, le mariage entre frère et sœur et les lois des deux pays appliquent ce principe tant à la parenté légitime qu'à la parenté naturelle.

Ces empêchements atteignent l'oncle et la nièce, la tante et le neveu, et une délibération du conseil d'Etat Français de 1808 l'étend aux grands oncles et aux petites nièces.

La loi italienne, comme la loi française, a évité aux cousins l'ennui de solliciter des dispenses; les raisons qui pouvaient s'opposer il y a bon nombre d'années à ces unions n'existent plus aujourd'hui que les parents n'habitent plus comme autrefois sous le même toit.

Des dispenses ne sont pas nécessaires pour épouser la fille naturelle de la sœur de sa femme (1).

Les enfants du premier lit d'un veuf et d'une veuve qui se sont mariés peuvent contracter mariage (2).

Art. 60. — Le mariage est prohibé : Entre l'adoptant, l'adopté et ses descendants,

Entre les enfants adoptifs du même individu,

Entre l'adopté et les enfants survenus à l'adoptant,

---

(1) Décision ministérielle du 20 janvier 1836.

(2) Circulaire du 12 janvier 1821.

Entre l'adopté et le conjoint de l'adoptant,
Entre l'adoptant et le conjoint de l'adopté.

L'article 348 de notre code est identiquement rédigé. L'adoption étant une imitation parfaite de la nature, les mêmes raisons qui ont motivé les prohibitions établies à l'égard de la parenté naturelle en France, ont forcé le législateur étranger à suivre les défenses édictées par les articles précédents de son code envers la parenté légitime et naturelle.

Si un étranger avait adopté un français, ou si un français avait adopté un étranger, l'union qu'ils voudraient contracter devrait être refusée par l'officier de l'état civil, bien que sur cette adoption les auteurs et la jurisprudence ne soient pas d'accord.

M. Valette (1) pense que l'adoption d'un français par un étranger, et réciproquement, est possible parce que l'adoption étant le remplacement de la paternité naturelle, par la paternité légale, et qu'aux termes des articles 12 et 19 du code civil, le mariage entre français et étrangers étant possible, les rapports de paternité et de filiation peuvent exister entr'eux.

M. Daniel de Folleville (2) n'accepte pas

(1) Valette sur Proudhon T. 1. page 177.

(2) De la condition juridique des étrangers en France 1880 — page 8. Revue de l'Institut juridique international d'Italie, tome 1 page 194. Voir Mourlon répétitions sur le code civil tome 1 nos 130 à 134, dans ce dernier numéro il reconnait aux étrangers le droit d'adoption. — Voir également no 997 tome 1er page 509.

cette doctrine et estime que l'adoption n'est pas possible, parce que si les étrangers peuvent contracter mariage avec des français, c'est que la loi s'est expliquée à ce sujet, et que pour l'adoption entre français et étrangers, elle est restée muette; qu'enfin tout ce qui n'est pas expressément dit est défendu.

Il ajoute : « Les conséquences de ces deux actes sont différentes. La femme, au moment du mariage. suit la condition de son mari et une sorte d'unité, au point de vue de la nationalité, s'établit entre les divers membres de la même famille. Il en est pas de même de l'adoption, qui ne fait nullement disparaitre la qualité d'étranger pour l'adoptant ni la qualité de français pour l'adopté.

Enfin dans l'opinion de ceux qui accordent aux étrangers, en France, la jouissance de tous les droits civils qui ne leur sont pas expressément refusés, le droit d'adopter un français ne saurait appartenir à un étranger; car adopter, c'est exercer sans doute un droit civil mais aussi un droit public; or, nous savons que les étrangers sont incapables d'avoir une participation quelconque de l'exercice de la puissance publique.

Cette doctrine a été admise par la cour de cassation le 7 juin 1826, qui réforma un arrêt de la cour de Nimes du 22 juin 1822, qui admettait la validité de l'adoption.

(Dev. 1826 — I — 255).

Art. 61. — Ne peuvent point contracter mariage les interdits pour infirmité d'esprit.

Si l'instance en interdiction est seulement commencé, on suspendra la célébration du mariage jusqu'à ce que l'autorité judiciaire ait définitivement prononcé.

La loi française n'a pas formellement visé l'interdiction pour infirmité d'esprit, c'est-à-dire pour imbécilité, démence et fureur; mais il est généralement établi que le défaut de raison forme empêchement au mariage puisqu'il y a absence de consentement et que le défaut de consentement vicie le contrat.

La loi dispose d'ailleurs que l'état de démence est une cause légale d'opposition et elle n'admet l'opposition qu'à charge de provoquer l'interdiction; il résulte de ce principe qu'en France, l'interdiction maintient la défense de contracter mariage (1).

La loi italienne a donc été plus explicite que la nôtre en formulant l'article 61 (2).

Art. 62. — Celui qui par arrêt criminel a été déclaré auteur ou complice d'homicide

(1) Art. 146.180 — c. c. f. — Marcadé. Observations sur le chapitre 4 du titre du mariage. — Demolonbe III 129 et 242 — Valette sur Proudhon I — page 391, note A. — Zachariae § 451.

(2) Le projet du code français, contenait une disposition déclarant l'interdit pour cause de démence, incapable de contracter mariage, mais elle fut retranchée sur l'observation du consul Cambacérès qui en fit remarquer l'inutilité, eu égard, aux règles générales qui exigent un consentement valable pour le mariage — Aubry et Rau, § 451 bis n° 3.

volontaire commis, manqué ou tenté sur la personne de l'un des conjoints ne peut pas s'unir en mariage avec l'autre conjoint.

S'il a été seulement prononcé l'acte d'accusation ou bien ordonné l'arrestation on suspendra le mariage jusqu'à ce que le jugement soit terminé.

Cette disposition qui n'est pas dans nos codes, d'une application rare est atténuée dans beaucoup de cas pour diverses causes;

MM. Arabio et Carrèo disent à cet égard :

« Les cas de prescription, de grâce et de « réduction de peine, par suite des circons- « tances atténuantes, ont paru suffisants au « sénat pour justifier cet article, bien que « dans le plus grand nombre de cas il ne « pnisse avoir probablemeut aucune appli- « cation pratique. »

Les officiers français ne peuvent en aucune manière connaître ces empêchements.

Le gouvernement étranger trouvera des garanties suffisantes pour l'application de cet article, par la publication sur le territoire italien, que les maires exigeront de tout sujet de ce royaume.

Le ministère public italien pourra alors exercer le droit qui lui est conféré par l'article 87 de son code national et former opposition entre les mains du fonctionnaire français chargé de procéder au mariage, sans préjudice également du droit conféré par la même loi à certains intéressés.

Les tribunaux français décideraient alors conformément aux règles du statut personnel de l'étranger; l'officier français se conformerait à la décision de ces tribunaux.

Art. 63. — *Le fils qui n'a pas atteint l'âge de* 25 *ans; la fille qui n'a pas atteint l'âge de* 21 *ans ne peuvent contracter mariage sans le consentement de leurs père et mère; si les parents sont en désaccord, le consentement du père suffit.*

Si l'un des deux époux est mort ou dans l'impossibilité de manifester sa volonté, le consentemeni de l'autre est suffisant.

Pour le mariage du fils adoptif qui n'a pas atteint l'âge de 21 *ans, il est nécessaire de produire outre le consentement des parents celui de l'adoptant.*

L'article 148 c. c. f. est littéralement exact au paragraphe 1 de celui qui précède, notre article 149 est également ressemblant au deuxième paragraphe; le dernier n'est point dans nos codes, nous saurons bientôt pourquoi.

L'étranger a suivi l'exemple de la nature en réglant l'ordre dans lequel doivent intervenir les consentements.

L'autorité est placée dans le père et la mère, et en cas de dissentiment la prépondérance est accordée à l'avis du père. — On s'en rapporte encore à l'un d'eux seul si l'autre est dans l'impossibilité de manifester sa volonté où s'il est mort.

Il faudrait en France justifier à l'officier de l'État civil, soit l'impossibilité, soit le refus de la mère; le refus se prouve par la production de l'original de signification de l'acte respectueux dressé par un notaire et deux témoins ou deux notaires, procès-verbal qui contient la déclaration de l'ascendant consulté; mais cette dernière justification n'est pas nécessaire pour les italiens, elle ne doit pas être exigée d'eux car ils seraient dans l'impossibilité de produire une pareille pièce, la loi de leur pays n'ayant pas admis la formalité des actes respectueux prescrite par notre article 152.

La commission pour la coordination du code disait dans un passage de son rapport à ce sujet :

« La nécessité du consentement des parents « limitée à l'âge de 25 ans pour les garçons « et 21 ans pour les filles; il n'a pas été « maintenu la formalité des actes respectueux « prescrite par le code Français. Chacun « doit comprendre combien est peu convena- « ble l'obligation imposée par la loi de requé- « rir un conseil, quand la loi même donne « le droit de le mépriser; placer un huissier « entre le père et le fils ne peut porter d'au- « tre fruit que celui d'empêcher une récon- « ciliation. »

Le consentement des parents est donc obligatoire pour les italiens, seulement jusqu'à

25 ans pour les hommes, 21 ans pour les femmes. Cet âge accompli liberté entière, quant au mariage, est laissée aux enfants qui ne sont plus obligés comme nous de solliciter le conseil de leurs ascendants.

Le consentement doit être donné par acte authentique (art. 81 c. c. i.) l'orsqu'il n'est pas donné personnellement devant l'officier de l'état civil et il doit contenir l'indication précise, tant de la personne à laquelle on donne son consentement que de celle pour laquelle il est donné.

L'impossibilité se prouve par la production: d'un jugement de déclaration d'absence ou ordonnant une enquête pour prouver l'absence; d'un jugement d'interdiction, ou enfin par un acte de notoriété dressé par le juge de paix sur la déclaration de cinq témoins, comme pour suppléer aux actes de naissance (art. 80 c. c. i. dont nous donnerons la traduction au chapitre des naissances.)

Les officiers civil français doivent toujours exiger des futurs étrangers le certificat en non opposition à mariage de l'officier italien qui a procédé aux publications, soit au dernier domicile de l'étranger où sa résidence, soit enfin, s'il n'a ni domicile ni résidence, en Italie, au lieu de sa naissance.

Ils seront sûrs de cette manière que pour les futurs qui ont atteint la majorité fixée par la présent art. 63, leurs parents auront pu connaître le mariage de leurs enfants et être ainsi mis à même d'y former opposition.

Enfin, l'enfant adoptif qui n'a pas atteint sa 21me année, est tenu de produire indépendamment du consentement de ses ascendants, l'autorisation de l'adoptant.

Cette disposition de la loi italienne était nécessaire à la suite de l'art. 63 ; l'adoption, aux termes de l'art. 206 c. c. i., pouvant avoir lieu pour l'enfant qui a atteint l'âge de 18 ans (1).

Tandis qu'au contraire la loi française est muette sur ce point, puisque l'article 346 c. c. f. ne permet l'adoption que pour celui qui a atteint 21 ans.

Art. 64.— Si le père et la mère sont morts ou dans l'impossibilité de manifester leur volonté, les mineurs de 21 ans ne peuvent pas contracter mariage sans le consentement des aïeux ou aïeules ; si l'aïeul et l'aïeule de la même ligne sont en désaccord, le consentement de l'aïeul suffit.

Le dissentement entre les deux lignes équivaut à un consentement.

Les ascendants, lorsque le père et la mère sont morts ou dans l'impossibilité de manifester leur volonté, reçoivent de la loi italienne l'autorité dévolue à ces derniers; elle se répartit également entre les deux lignes, mais le sexe masculin possède la prépondérance en cas de dissentiment entre l'aïeul el l'aïeule; ni le nombre, ni le sexe des parents qui

---

(1) Art. 206 c.c.i. — Le mineur ne peut pas être adopté s'il n'a atteint l'age de 18 ans.

composent une ligne ne peut faire prévaloir sa volonté sur celle de l'autre.

Les aïeuls ou aïeules ont le droit de former opposition au mariage et leur consentement est requis pour les mineurs de 21 ans.

Il est à remarquer que cet article a modifié la majorité en la réduisant à 21 ans, pour les deux sexes, dans le cas de mort ou impossibilité des père et mère.

Examinant les dispositions de l'article précédent qui par sa sagesse met un frein aux fougueuses passions des mineurs de 25 ans, on comprend que le législateur italien ait voulu leur épargner les conséquences de résolutions inspirées quelquefois par une passion ardente, pouvant les entraîner à faire des actes irréfléchis, mais il a pensé qu'il était nécessaire, pour ceux privés de leurs auteurs, de modifier la majorité et de la réduire à 21 ans. Il ne s'est donc écarté de notre article 150 que pour l'âge.

Art. 65. — S'il n'existe pas de parents, ni adoptants, ni aïeux ou aïeules, ou si quelqu'un d'eux est dans l'impossibilité de manifester sa volonté, les mineurs de 21 ans ne pourront contracter mariage sans le consentement du Conseil de famille.

Les dispositions de cet article sont conformes à celles de l'article 160 c.c.f.

L'enfant acquiert sa majorité pour le mariage comme pour les autres actes de sa vie, à 21 ans; au-dessous de cet âge, il doit pour le mariage, demander le consentement au Conseil de famille, Conseil que la loi a donné au mineur pour suppléer à ses parents ; il faut nécessairement que pour contracter un acte aussi solennel l'autorité paternelle soit représentée.

L'opposition dans certains cas peut devenir utile aux intérêts du mineur de 21 ans, mais cet âge atteint, l'enfant qui n'a plus que de parents éloignés obtient liberté pour contracter et le Conseil n'est plus requis de manifester son opinion qui, quelquefois, pourrait être contraire aux vues du majeur et à ses intérêts.

Une fille mineure née en France d'un père étranger et d'une mère française dont les père, mère et aïeux sont décédés, peut contracter mariage en France, en produisant le consentement du conseil de famille réuni en France.

Si l'on devait exécuter la loi dans toute sa rigueur, il faudrait nécessairement que le conseil de famille fut convoqué et réuni dans le pays d'origine du père dont la fille a suivi la nationalité.

Le conseil de famille convoqué en pays étranger qui ne connaitrait le plus souvent ni la future, ni le futur, ne pourrait pas donner un consentement éclairé et le gouvernement italien ne verra certainement aucun inconvénient, comme le fait le gouvernement Français, à ce que le conseil réuni en France donne le consentement. (Voir en ce sens: lettre Procureur Général. — Paris, 7 janvier 1847).

Lorsque l'étranger est mineur, le conseil de famille dont le consentement est requis, peut être composé d'amis ou de voisins. (Circulaire Garde des Sceaux, 31 mars 1812).

Art. 66.—La disposition de l'article 63 est applicable aux enfants naturels légalement reconnus. En cas de défaut de parents vivants ou d'adoptants capables de consentir, le consentement sera donné par un conseil de tutelle.

Ce conseil devra donner aussi le consentement pour le mariage d'enfants naturels, non reconnus, à défaut de parents adoptifs.

Les rapports qui lient les enfants de famille à leurs parents sont les mêmes pour les enfants naturels légalement reconnus, les mêmes règles leur sont applicables ; mais à défaut de père et mère, cet article diffère un peu de notre article 159 c.c.f. en ce sens que, ce n'est plus un tuteur *ad hoc* qui doit donner son consentement, mais un conseil de tutelle spécialement composé à cet effet, soit pour les enfants légalement reconnus mais privés de leurs parents, soit pour les non reconnus.

Ce conseil est composé, dit l'art. 261 c.c.i., du juge de paix et de quatre personnes par lui choisies parmi celles qui ont eu des relations d'amitié avec les parents pour les enfants reconnus; et du juge de paix, de deux conseillers communaux et de deux autres personnes choisies par le juge de paix dans les autres cas.

Les dispositions relatives aux conseils de famille sont applicables à ces conseils de tutelle.

Pour les enfants trouvés et placés dans des hospices, le ministère du juge de paix n'est plus utile. (Art. 262 c.c.i.), c'est l'administration de l'hôpital qui se charge de ce soin et le plus souvent, c'est un des administrateurs qui exerce les fonctions de tuteur.

Le ministère du juge de paix aussi bien que celui des fonctionnaires et personnes appelés dans le conseil de tutelle est gratuit. (Art. 263 c.c.i.)

Art. 67.— Contre le refus de consentement des ascendants ou du conseil de famille ou de tutelle, le fils majeur d'âge (21 *ans*) *peut faire appel devant la cour d'appel.*

Dans l'intérêt de la fille ou du fils mineurs d'âge l'appel pourra être, interjeté, soit par les parents ou les alliés, soit par le ministère public.

La cause se porte à audience fixe et la cour staue après avoir entendu les parties et ministère public à huis clos.

Le ministère des avoués n'est point permis ainsi que ceux des autres défenseurs.

L'arrêt de la cour ne contiendra aucun motif, il pourra seulement être fait mention du consentement qui a été donné devant la cour même.

L'enfant qui a 21 ans accomplis peut en appeler devant la Cour d'appel sur le refus du consentement de ses parents afin d'obtenir, si les motifs d'opposition paraissent peu sérieux, l'autorisation de contracter mariage.

Le législateur n'a pas voulu que les tribunaux civils fussent appelés a en connaître, ils n'auraient pas pu statuer en dernier ressort, leurs décisions auraient pu être frappées d'appel et cette procédure aurait entraîné des frais et des lenteurs qu'il fallait éviter. Le vrai motif du législateur, qui aurait pu porter ces appels des enfants d'une décision de leurs parents à la connaissance des tribunaux de première instance statuant en dernier ressort, doit être la gravité de la mesure. On va charger des tiers étrangers de prononcer sur un désaccord de famille appartenant à un ordre tout à fait intime ; on va lui dire de prononcer entre la volonté du père et l'obéissance que lui doit son fils. Ne fallait-il pas des magistrats d'un ordre élevé? La Cour d'appel est donc seule compétente et la procédure devant elle très sommaire puisqu'on n'admet ni avoué ni avocat.

Les arrêts rendus en cette matière ne contiennent aucun motif, le dispositif admet ou rejette le recours. La Cour donne en conséquence le consentement et se substitue aux parents ou le refuse, s'il admet, une expédition de l'arrêt régulièrement traduite suffit à l'officier célébrant et cette pièce doit être annexée aux autres produites car elle tient lieu d'autorisation et il doit en être fait mention dans l'acte de mariage; si les parents donnent leur consentement devant la Cour même, l'arrêt fait mention de ce consentement et la production d'une expédition de cet arrêt est suffisante sans qu'il soit besoin de demander le renouvellement de cette autorisation, soit devant l'officier de l'état civil, soit devant un officier public. (Art. 70 du règlement Italien du 15 novembre 1865).

Notre législation ne contient aucune disposition analogue à celle qui précède ; les officiers de l'état civil voudront bien porter leur attention sur ce point afin que, le cas échéant, ils n'éprouvent aucune difficulté pour la célébration du mariage.

Art. 68.— Le Roi, pour motifs graves, peut dispenser des empêchements indiqués aux paragraphes 2 *et* 3 *de l'article* 59.

Il peut encore accorder des dispenses d'âge et admettre au mariage l'homme qui a atteint l'âge de 14 *ans et la femme qui a atteint* 12 *ans.*

Le Roi peut, conformément aux dispositions de cet article, accorder pour motifs graves des dispenses d'âge à l'homme qui a atteint 14 ans, à la femme âgée de 12 ans accomplis; notre article 145 permet au chef de l'Etat d'accorder des dispenses d'âge sans fixer de limite, mais l'usage n'a établi cette autorisation en France qu'aux hommes de 17 ans, aux femmes de 14 ans. (Circulaire du ministre de la Justice des 10 mai 1824, 28 avril 1832, 22 octobre 1848, 11 novembre 1875).

Des dispenses sont rarement accordées lorsque le futur est de quelques années plus jeune que sa future. On suppose toujours qu'il y a eu séduction de la part de celle-ci. (Circulaire du Garde des Sceaux, 10 mai 1824 et 28 avril 1832).

Pour les prohibitions portées par l'art. 59

§ 2 et 3 du c.c.i. qui sont identiques à celles indiquées dans notre article 162 c.c.f., le Roi peut également accorder des dispenses.

Si les deux futurs sont étrangers, ou si l'un des deux est de nationalité étrangère, on doit exiger les dispenses délivrées par le gouvernement étranger.

L'Italienne qui veut épouser en France, son beau-frère, doit justifier préalablement qu'elle a obtenu les dispenses de son gouvernement. (Garde des Sceaux, 11 septembre 1843).

De même que l'Italien, qui ne justifie pas de sa naturalisation en France, doit se pourvoir de cette autorisation pour épouser sa belle-sœur. (Circulaire 4 juillet 1844).

Nous traiterons d'ailleurs sous un paragraphe spécial des dispenses de parenté et d'alliance.

CHAPITRE II

Des formalités préliminaires.

§ 1er

DES PUBLICATIONS

Les formalités relatives aux publications en France, sont valables à l'égard des Italiens. Tout ce qui est exprimé dans les art. 63, 64, 165, 166, 167 de notre code civil doit être observé ; il doit y avoir par conséquent, deux publications à 8 jours d'intervalle, un jour de dimanche, devant la porte de la maison commune et l'acte qui en est dressé doit contenir toutes les énonciations voulues par l'art. 63, un extrait de cet acte doit être exposé aux regards du public à la porte de la maison commune. Le mariage ne peut être célébré que 3 jours après la dernière publication.

L'étranger majeur qui n'a pas acquis de domicile en France par une résidence de plus de six mois est tenu de faire faire à son der- dernier domicile, à l'étranger, les publications prescrites par la loi française, il en est de même du français qui se trouve, quant au mariage, sous la puissance de personnes domiciliées à l'étranger. (Circulaire du 4 mars 1831, Ministère de la Justice). Cependant l'article 168 du Code civil français n'est pas applicable au fils qui a atteint 25 ans et la fille de plus de 21 ans, (lettre ministérielle du vingt-six mai 1820, décision du 5 septembre 1843); mais comme la publicité du mariage doit être très étendue et que la société est intéressée à connaitre la création de nouvelles familles, M. le Garde des Sceaux a décidé, en ce qui concerne les *italiens*, par deux circulaires en dates des 26 janvier 1876 et 23 mars 1883, que les publications relatives aux sujets de ce royaume devaient être faites au lieu de leur dernier domicile, en Italie, et que cette obligation subsistait quel que soit l'âge des futurs et quel que soit le temps depuis lequel ils avaient pris résidence en France.

En conséquence, les officiers de l'état civil doivent avant de procéder au mariage entre italiens, ou entre italien et français. exiger des italiens la production d'un certificat constatant que les publications ont été faites en Italie.

Ces certificats sont valables, lorsqu'ils sont rédigés selon les formes usitées dans le pays où ils sont dressés, et sur ce point les officiers de l'état civil n'éprouveront aucune difficulté, car ces documents sont rédigés en Italie dans la même forme que celle adoptée en France.

Il pourra se produire quelque hésitation relativement à la forme des demandes de publications, car, si la loi italienne a beaucoup d'analogie avec la nôtre, quant à ses prescriptions, il existe quelques écarts quant à la forme.

En France: le Maire doit se contenter des notes qui lui sont remises par les futurs époux, pour faire les publications de mariage, et il ne saurait leur imposer l'obligation de produire, dès ce moment, les pièces établissant leur capacité et le consentement des personnes sous l'autorité desquelles ils peuvent se trouver, quant au mariage. (Avis du Conseil d'Etat 30 mars 1808). Ces notes sont dispensées du timbre. (Décision du Ministre de la Justice du 19 mai 1821). Et si les parties requérantes sont inconnues du maire, il doit exiger qu'elles prouvent leur identité, ou si l'une d'elles se présente seule pour requérir les publications, avant d'y procéder, le maire doit s'assurer du consentement de l'autre partie.

Enfin la réquisition des publications est faite au maire des communes, où chaque partie à son domicile, à la diligence des parties intéressées.

En Italie :

Aux termes de l'article 73 du Code de cette nation, la requête, pour les publications prescrites par les articles 70, 71, 72 du même Code, qui concordent avec nos articles 63, 64, c.c., doit être faite par les deux époux, par le père, le tuteur ou tout autre personne munie d'une procuration spéciale et authentique.

La production d'une expédition d'une promesse de mariage faite en conformité de l'article 54 du Code civil italien (Promesse de mariage par acte notarié ou sous seing privé), permet la requête des publications.

L'article 74 du même Code défend aux officiers de l'état civil de procéder aux mariages s'ils ne sont pas certains du consentement des ascendants, du conseil de famille ou de tutelle, dans le cas ou ce consentement est nécessaire. Ce consentement est inutile, nous l'avons déjà vu, lorsque le futur a dépassé 25 ans et la future 21 ans ; il n'est plus nécessaire, quant l'impétrant produit une décision de la Cour d'appel qui rejette l'opposition des ascendants.

Si le maire croit devoir refuser les publications, il délivre un certificat indiquant les motifs de son refus. (art. 75).

L'officier de l'état civil qui doit procéder au mariage est seul compétent pour recevoir la demande à fin de publication. (Art. 65 du règlement du 15 novembre 1865).

Le requérant lui indique les noms, prénoms, professions, lieu de naissance des futurs époux; leur résidence pendant le courant de l'année ; les noms, prénoms, professions, domiciles de leurs parents ; si les époux ont besoin du consentement d'un conseil de famille et s'ils ont leurs ascendants et des parents adoptifs; s'il existe entre les futurs quelque empêchement de parenté ou d'alliance ; s'ils ont contracté un précédent mariage et si l'un ou l'autre ne sont pas dans l'un des cas prévus par les articles 61, 62 du Code civil italien (voir art. 61 et 62 ci-dessus), c'est-à-dire en état de démence ou d'imbécilité, ou enfin avoir été déclaré coupable d'homicide volontaire sur la personne du conjoint du futur. Le comparant affirme que sa déclaration est sincère et véritable, en présence de deux témoins, qui signent le procès-verbal de réquisition, lequel est annexé au dossier du mariage. Le déclarant doit en outre remettre, à ce moment, les actes de naissance des futurs époux et toutes les pièces nécessaires au mariage. (Art. 68, même règlement).

Nous donnons ci-dessous la traduction des articles 70 et 71 du Code italien relatif aux publications dont il est parlé dans les circulaires de M. le Garde des Sceaux ; nous traduisons également les articles suivants concernant les mêmes publications, et enfin nous annexerons un extrait du règlement du même royaume, du 15 novembre 1865, pour ce qui concerne les formalités préalables au mariage.

Art. 70. — *La célébration du mariage doit être précédée de deux publications qui doivent être faites par les soins de l'officier de l'état civil. L'acte de publication indiquera les noms, prénoms, profession, lieu de naissance et résidence des époux ; s'ils sont majeurs ou mineurs, les noms, prénoms, profession et résidence des parents.*

Art. 71. — *Les publications doivent être faites dans la commune où chacun des époux a son domicile.*

Si la résidence actuelle est de moins d'un an, les publications doivent aussi se faire dans la commune de la résidence précédente.

Extrait du règlement Italien.

Registres pour la réquisition des publications.

Art. 62. — Dans chaque bureau de l'état civil, il sera tenu un registre spécial pour les réquisitions de publications de mariage et pour les formalités d'affiche de ces publications. Les prescriptions établies par le code civil et par le présent règlement, pour les registres de citoyenneté, de naissance, de mariage et de décès.

Art. 63. — Le registre pour les publications est tenu en un seul original; il est visé par le prêteur (Juge de paix) en observant les formalités prescrites par l'article 357 da code civil.

Art. 64. — Ce registre fait partie du volume des annexes au registre des actes de mariage. Il est transmis au Procureur du Roi seulement après la célébration de tous les mariages qui ont été publiés ou bien après l'écoulement des 180 jours indiqués dans l'article 77 du code civil et alors que les publications sont considérées comme non avenues.

Art. 65.— La réquisition pour les publications doit se faire à l'officier de l'état civil devant lequel les époux doivent cèlébrer le mariage.

Art. 66. — Si la réquisition est faite par un seul des époux ou par une personne qui les représente, en exécution d'une promesse de mariage sous seing privé, en conformité des dispositions de l'article 54 du Code civil, l'officier ne peut procéder aux publications si les signatures des contractants et de ceux qui y interviennent pour donner leur consentement ne sont pas légalisées par le Maire du lieu dans lequel la promesse est faite, ou par un notaire.

Art. 67. — Celui qui requiert la publication doit déclarer le nom, prénoms, profession et lieu de naissance des époux ; le lieu de leur résidence pendant la dernière année. Les nom, prénoms, profession et la résidence de leurs parents. Si les époux ont des ascendants ou un père adoptif, ou bien s'il est besoin du consentement du conseil de famille ou de tutelle, si entre les époux il existe quelque empêchement de parenté ou d'alliance. Si les époux ont déjà contracté un précédent mariage; si aucun des époux ne se trouve dans les conditions indiquées par les articles 61 et 62 du Code civil. Les déclarations faites par celui qui requiert les publications doivent être confirmées, sous serment, devant l'officier de l'état civil par les deux témoins qui signent l'acte de réquisition.

Art. 68. — Celui qui requiert les publications doit, en outre, présenter les actes de naissance des époux et tous les autres documents nécessaires au mariage.

Art. 69.— Si le futur est en activité de service militaire ou dans le nombre de ceux qui sont assimilés aux militaires, selon l'article 9 du règlement de discipline militaire approuvé par décret royal du 30 octobre 1859, il devra présenter la permission du Roi ou du Ministre de la Guerre conformément à l'article 53 du règlement susdit.

Art. 70.— Si les époux ont besoin de consentement de quelque ascendant, du père adoptif, du conseil de famille ou de tutelle, ils doivent établir le consentement dans le mode indiqué par l'article 80 du Code civil ou présenter copie de l'arrêt indiqué par l'article 67 du même Code, ou enfin prouver l'impossibilité dans laquelle se trouve l'ascendant de manifester sa volonté.

Cette impossibilité se prouve: 1° Par la production des documents légaux, tels que la déclaration d'absence, l'interdiction et autres pièces semblables ; 2° Par la production d'un acte de notoriété rédigé dans les formes indiquées par l'article 80 du Code civil. Quand l'impossibilité ne résulte pas des documents légaux, comme dans les cas d'absence présumée, de maladie mentale et de cas semblables.

Art. 71. — Les empêchements de parenté ou d'alliance sont enlevés par la présentation d'une copie du décret de dispense.

Art. 72.— Si l'un des époux a déjà contracté un précédent mariage, il devra prouver sa liberté d'état par la production de l'extrait de l'acte de décès du précédent conjoint ou copie de l'acte de l'annulation.

S'il s'agit d'une veuve, l'officier de l'état civil prendra soin de s'assurer que les dix mois se sont écoulés depuis la dissolution ou l'annulation du précédent mariage, conformément à l'article 57 du Code civil.

Art. 73. — Si les époux ont obtenu la dispense d'une publication, celui qui la requiert doit présenter le décret de dispense.

Art. 74.— L'officier de l'état civil avant de clôturer le procès-verbal qui contient la déclaration indiquée dans l'article 67 et la mention des documents annexés aux susdites déclarations, indique quelles sont les communes dans lesquelles doivent avoir lieu les publications.

Art. 75. — Lorsqu'un des époux a eu dans l'année précédente sa résidence à l'étranger, l'officier de l'état civil fera procéder aux publications dans le lieu de son dernier domicile.

L'époux devra faire constater sa liberté d'état pour le temps qu'il est resté à l'étranger.

Art. 76.— La requête des publications faite par un sourd-muet qui sait lire et écrire doit être présentée par écrit.

Si le sourd-muet ne sait pas écrire, l'officier de l'état civil appelle un interprète parmi les parents du requérant ou les personnes qui lui sont familières et il lui fait jurer de traduire fidèlement ses signes. Il reçoit alors la requête.

Art. 77.— Quand les époux ont été dispensés des deux publications, l'officier de l'état civil, avant de procéder à la célébration du mariage, reçoit la déclaration indiquée par l'article 67 avec les documents justificatifs et en dresse procès-verbal sur le registre des publications, indiquant à la fin de l'acte quelles sont omises par suite des dispenses obtenues.

Art. 78. — Dans le cas de péril imminent de vie, si les époux ont des enfants naturels vivants qu'ils veulent légitimer, l'officier de l'état civil peut procéder à la célébration de mariage, omettant toutes formalités, pourvu que quatre témoins attestent préalablement sous serment, qu'il n'existe entre les époux aucun empêchement de parenté, d'alliance, et qu'il y ait consentement des ascendants ou du tuteur.

Art 82. — Le Procureur du Roi près le tribunal dans la juridiction duquel se trouve la mairie dans laquelle sera célébré le mariage, est autorisé à accorder pour motifs graves la dispense d'une publication. Le ministère de la justice est autorisé a accorder des dispenses des deux publications s'il existe des causes très graves.

La demande sera présentée au Procureur du Roi, appuyée par les actes de naissance et du consentement des ascendants, du conseil de famille ou de tutelle, quand il est nécessaire, et des autres documents justificatifs dont il est besoin. Si la demande est faite pour les deux publications, le Procureur du Roi transmettra promptement les pièces, avec son avis, au Ministre de la Justice et des Grâces.

Art. 83. — Le procès-verbal de réquisition de publications reçu, l'officier de l'état civil écrit l'acte de publication et le fait afficher à la porte de la maison commune, deux dimanches immédiatement successifs.

Art. 84. — L'acte de publication doit être écrit en caractère, clairs et distincts.

Indépendamment des circonstances indiquées dans l'article 70 du code civil, il doit énoncer si c'est la première ou la seconde publication, ou bien si c'est l'unique publication par suite d'une dispense, et quel est l'officier devant lequel le mariage sera célébré.

Art. 85. — Si les publications doivent se faire dans une autre commune, l'officier de l'état civil adresse à l'officier de cette commune la réquisition de procéder aux première et seconde publications ou bien à l'unique qu'il lui transcrit en entier.

Cette réquisition est remise immédiatement aux parties intéressées afin qu'elles pourvoient à son exécution.

L'officier requis, transcrit en entier sur les registres de publications l'instance à lui faite et procède au plus tôt à l'exécution des publications dans le mode indiqué dans l'article 83,

Art. 86.— Chaque mairie tiendra à côté de la porte de la maison commune, un espace destiné exclusivement pour les publications de mariage.

Sur cet espace sera écrit en gros caractère l'indication: *Publications de mariage.*

La commune prendra ses dispositions pour que les actes de publications, exposés aux regards du public, y restent affichés sans risquer d'être dispersés ou détruits de tout autre manière.

Art. 87. — L'officier rédigera pour chaque affichage un procès-verbal distinct sur le registre indiquant: si la première publication a été continuellement affichée dans l'intervalle convenu entre elle et la seconde, ou bien, en cas de dispense, si l'unique publication a été affichée pendant trois jours consécutifs.

Le certificat desdites publications à délivrer aux parties indiquera que l'acte est resté affiché pendant tout le temps exigé par la loi.

Art. 88.— Les documents qui justifient les énonciations contenues dans la requête des publications sont reliés au registre des publications ; ils sont retirés, dressés et disposés par l'officier de l'état civil selon les indications contenues dans les articles 39 et suivants.

Lorsque le mariage sera célébré, les annexes seront enlevés du registre susdit et classés parmi les annexes de l'acte de mariage.

Art. 89. — Trois jours après la seconde ou l'unique publication, s'il n'existe aucune opposition, les époux peuvent se présenter devant l'officier de l'état civil auquel ils on adressé la requête des publications, à l'effe t d'être unis en mariage. Dans le cas où les publications ont eu lieu dans d'autres communes, les futurs époux consignent, en outre entre les mains de l'officier de l'état civil, les certificats de ces publications. Parmi les autres annexes de l'acte de mariage, l'officier qui le célèbre y insère un certificat établissant que les publications dans sa commune ont eu lieu sans qu'aucune opposition ne lui ait été notifiée.»

En présence de cette différence de législation, que doit faire l'officier de l'Etat civil ?

Il semble évident que le magistrat Français ne doit, quand aux formalités, se préoccuper que des règles tracées par le code Français, mais nous avons vu des maires Italiens refuser de procéder aux publications demandées par des étrangers résidant en France et y contractant mariage, par le motif, que la réquisition n'était pas faite par l'officier célébrant.

Pour concilier les exigences des règlements Italiens avec les instructions données par M. le Ministre de la Justice de France, le maire recevant la réquisition des parties intéressées peut leur demander, sans les exiger, les actes de naissance et les autres documents nécessaires à la célébration du mariage et, qu'il soit ou non nanti de ces pièces, il délivrera une note dans laquelle il visera la demande des futurs époux et donnera toutes les indications pour procéder au mariage, c'est-à-dire, qu'il énoncera les noms, prénoms, profession et domicile des futurs époux, leur qualité de majeur ou de mineur, les noms, prénoms, profession et domicile des père et mère, et dira si ces derniers sont décédés. Contenant toutes les indications nécessaires pour les publications, cette pièce sera adressée par la partie intéressée à l'officier étranger qui donnera suite alors à la réquisition écrite en procédant aux publications et délivrera, trois jours après la deuxième publication, le certificat de non opposition, quand aucune opposition ne lui aura été signifiée dans les délais voulus par la loi.

§ 2

DES OPPOSITIONS

Si une opposition est notifiée à l'officier publiant, il délivrera un certificat constatant qu'il a reçu une opposition dans lequel il relatera au nom de qui l'opposition a été faite et tous autres renseignements prescrits par la loi; l'officier Italien pourra au besoin, ainsi que les règlements italiens le prescrivent, prévenir l'officier célébrant de ces oppositions et lui retourner sa requête avec la notification de l'opposition.

(Art. 90 à 94 du réglement Italien du 15 novembre 1865).

Si l'opposition était faite en France par un père Italien ou la mère de même nationalité ou enfin par des personnes qui, aux termes de la loi étrangère ont qualité pour cela, et que cette opposition fut faite en suivant la procédure Française, avec élection de domicile en France, l'officier français devrait-il passer outre à la célébration?

Non, car l'officier de l'état civil n'a pas le droit d'examiner si l'opposition est régulière ou fondée. Il doit s'abstenir de procéder au mariage jusqu'à ce que la main levée de cette opposition lui soit produite; c'est aux tribunaux seuls qu'appartient le droit de vérifier aussi bien la régularité de l'opposition que son bien fondé, et s'il est vrai que l'élection de domicile faite par l'opposant dans le lieu ou doit se célébrer le mariage est attributive de juridiction, au tribunal de ce lieu, dans le cas qui nous occupe, comme il s'agit d'étrangers, les tribunaux français sont incompétents, la question soulevée par une telle opposition étant relative au statut personnel duquel les tribunaux français ne sont pas appelés à en connaître et l'incompétence est radicale; elle prend sa source dans un défaut absolu de principes de juridiction; elle est essentiellement d'ordre public, car rien ne touche plus à l'ordre public que l'état des personnes; c'est du moins ce que pensent plusieurs auteurs et ce qu'a décidé un arrêt de la cour d'appel de Rennes du 16 mars 1842. (1)

L'officier de l'état civil ne doit pas oublier

---

(1) D. A. v° Mariage, p. 243, n° 307.

que s'il procédait à un mariage au mépris d'une opposition et sans avoir la preuve de la main levée, il serait passible d'une amende de 300 fr. et de tous les dommages occasionnés par son infraction (Art. 68 c.-c.) et que c'est devant le tribunal correctionnel et non devant le tribunal civil qu'il serait poursuivi pour cette faute, (D P 74-5-7).

Mais pour assurer l'effet des oppositions, la loi Italienne et le règlement Italien de 1865 (Art. 93) comme la loi Française, prescrivent à l'officier de l'état-civil, entre les mains duquel une opposition est formée, d'en faire mention sur le registre des publications.

La main levée peut être donnée soit par acte authentique, soit devant le tribunal où la Cour qui en font mention dans le jugement ou l'arrêt ou enfin ordonné par le tribunal où la Cour, si les motifs d'opposition invoqués par les opposants ne paraissent pas suffisants pour empêcher le mariage.

C'est muni d'une décision des Tribunaux de sa nation, revêtue du paraetis des Tribunaux français (1) ou d'une expédition d'un acte au-

---

(1) Plusieurs auteurs et notamment Demolombe (cours de droit civil N° 103, tome I), enseignent que les jugements des tribunaux étrangers, lorsqu'ils sont constitutifs de l'état des personues, doivent avoir en France le même effet que la loi personnelle en vertu de laquelle ils ont été rendus sans être soumis par conséquent à révision ou paraetis.

La convention Franco-Sarde du 24 mars 1760 décide, dans son article 22 § 2, que pour favoriser l'exécution réciproques des décrets et jugements, les cours suprêmes défèreront de part et d'autre à la forme du

thentique de main levée, que l'étranger peut se présenter à l'officier de l'état civil pour faire procéder à son mariage dont la célébration a été retardée par l'opposition. (Circulaire du 4 mars 1831. — Cassation du 14 mai 1834.— D. A. mariage n° 308).

La requête pour publications faite par l'officier français à l'officier étranger reçoit, en cas d'opposition, une application avantageuse pour les contractants en leur évitant de faire viser les jugements des tribunaux italiens par les tribunaux français; en effet, l'article 93 du règlement du 15 novembre 1865 prescrit aux officiers de l'état civil de faire mention des jugements ou arrêts qui admettent ou rejettent l'opposition et des actes de main levée d'opposition. Il serait loisible alors aux parties de réclamer à l'officier étranger qui, connaissant sa législation, n'aura fait mention que de sentences définitives, un certificat de non opposition ou un certificat équivalent, de sorte que l'officier français pourrait sans crainte procéder au mariage.

Dans le royaume italien, le droit de former opposition au mariage appartient au père, à la mère et en l'absence des deux, aux aïeux et aïeules, bien que les enfants mâles aient plus de 25 ans et les filles plus de 21 ans. (Art. 82 c.c.i.)

En l'absence de descendants, les frères,

---

droit, aux réquisitions qui leur seront adressées à ces fins, même sous les noms des dites cours.

Cette convention est devenue applicable à l'Italie en 1861.

sœurs, oncles, tantes, cousins germains majeurs peuvent faire opposition : 1° pour défaut de consentement requis par l'article 65. (Voir la traduction de cet article au chapitre premier).

2° Pour infirmité d'esprit de l'un des époux. (Art. 83 c. c. i.)

Pour les deux causes inscrites ci-dessus, infirmité d'esprit et défaut de consentement, le tuteur ou le curateur à ce autorisé par le conseil de famille, peut former opposition. Ce droit appartient également au conjoint de la personne qui veut contracter un autre mariage.

Pour le mariage de la veuve, qui doit se célébrer malgré la prohibition édictée par l'article 57 du code c. i., (voir la traduction de cet article au chapitre 1er) l'opposition peut être formée par les ascendants de la veuve et les parents du mari; et dans le cas d'annulation d'un précédent mariage, le droit d'opposition appartient à celui avec lequel le mariage avait eu lieu.

Ce droit d'opposition a été accordé par le législateur italien en vue de prévenir un délit plutôt que de le punir. Il va de soi qu'une seule promesse de mariage ne peut autoriser dans ce cas une opposition.

Le ministère public reçoit également de l'article 87 le droit de former opposition au mariage s'il connaît un empêchement quelconque à sa célébration.

Tout acte d'opposition doit indiquer : 1° la

qualité qui attribue à l'opposant le droit de le faire ;

2° Les causes de l'opposition, et enfin cet acte doit comme dans l'article 176 du code français, contenir élection de domicile dans la commune ou siège le tribunal dans l'arrondissement duquel doit se célébrer le mariage, et il est signifié dans la forme des citations, aux futurs époux et à l'officier de l'état civil devant lequel doit se célébrer le mariage (Art. 89 c.c.i.); si elle est faite régulièrement et par une personne qui jouisse de ce droit, elle suspend la célébration du mariage jusqu'à ce que le jugement qui tranche la question ait acquis l'autorité de la chose jugée (Art 90).

Le père opposant et le ministère public ne sont point condamnés à des dommages si l'opposition est rejetée, mais toutes autres personnes peuvent être obligées au payement des frais et à des dommages si leur opposition n'est pas fondée.

Nous fournissons ces dernières explications sur le droit d'opposition dans la législation italienne à titre de renseignements, car nous avons déjà vu que ni le maire ni les tribunaux français n'étaient compétents pour connaître de ces contestations.

Extrait du règlement Italien du 15 *novembre* 1865.

Art 90. — L'officier de l'état civil qui connait un empêchement au mariage qui ne lui est pas déclaré, doit aussitôt en informer le ministère public afin que celui-ci puisse, s'il le juge convenable, faire opposition, et il suspend la célébration du mariage jusqu'à ce que le Procureur du Roi lui ai fait connaître sa détermination.

Art. 91. — Lorsqu'un acte d'opposition est notifié à l'officier de l'état civil, celui-ci suspend la célébration du mariage conformément à l'article 90 du code civil, si l'opposition est faite par celui qui en a la faculté et pour causes admises par la loi.

Art. 92. — L'opposition au mariage peut toujours être utilement faite avant sa célébration bien que le terme d'affichage des publications soit écoulé. Dans le cas exprimé dans l'article 96 du code civil, l'opposition peut être aussi faite à l'officier délégué lequel, en tel cas, doit restituer à l'officier requérant la requête à lui faite ainsi que l'acte d'opposition qui lui est notifié.

Art. 93. — En marge du procès-verbal de requête de publication, on doit annoter l'acte d'opposition au mariage, lequel est placé avec les autres annexes.

En marge du même procès-verbal, on doit annoter les sentences qui rejettent ou admettent une opposition et la main levée volontaire des jugements d'opposition en les joignant aux autres annexes.

§ 3

DES DISPENSES

Nous avons vu que le mariage est prohibé entre ascendants et descendants légitimes ou naturels et les alliés de la même ligne (art. 58 du Code italien); entre les sœurs et frères légitimes ou naturels, les alliés au même degré, l'oncle et la nièce, la tante et le neveu (art 59 du Code italien); entre l'adoptant, l'adopté, les enfants adoptifs du même individu; entre l'adopté et les enfants survenus à l'adoptant; entre l'adopté et le conjoint de l'adoptant et entre l'adoptant et le conjoint de l'adopté (art. 60 du Code italien).

Ces prohibitions frappent l'italien qui se trouve en France et s'il veut contracter mariage sur le territoire français, il doit se pourvoir d'abord de l'autorisation de son gouvernement. (Circulaire du Ministre de la Justice Française des 26 février 1840 et 4 juillet 1844).

Si deux Italiens, touchés par les prohibitions de leur Code, veulent s'unir en mariage après avoir obtenu l'autorisation de leur gouvernement, il doit être procédé à leur union sans qu'il soit utile d'exiger l'autorisation du gouvernement français qui certainement, conformément aux circulaires précitées de 1840 et 1844, se déclarerait incompétent.

Si l'un des époux est italien, il doit seul se

pourvoir auprès du gouvernement italien, tandis que l'autre doit se pourvoir auprès de son gouvernement ou établir que sa législation ne prohibe pas l'union qu'il se propose de contracter.

Diverses hypothèses peuvent se présenter pour le mariage d'étrangers en France et pour lesquels il existe des liens de parenté ou d'alliance entre eux ou pour ceux qui n'ont pas atteint l'âge requis par la loi pour le mariage et qui désirent s'unir.

S'il s'agit de dispenses de toute nature pour le mariage d'italiens entre eux, ils doivent produire seulement l'autorisation du gouvernement italien et pour obtenir cette faveur, ils fournissent au consul le plus rapproché de leur résidence :

A. *Pour les dispenses d'alliance*

1° Supplique au Ministre de la Justice et des grâces, laquelle contient les motifs qui militent en faveur de l'union projetée et les causes qui la rendent nécessaire ; cette supplique doit être signée par les futurs époux ; le maire de leur résidence doit en légalisant leur signature, indiquer que les motifs qui y sont exposés sont réels et que la demande mérite d'être accueillie, ou bien, s'il ne donne point son approbation, les motifs qui s'opposent à l'admission de la demande; le consentement des ascendants doit suivre la supplique quand les futurs époux se trouvent dans les cas prévus par l'article 63 du Code civil italien ; celui du tuteur ad hoc doit y figurer quand l'article 64 du même Code est applicable aux futurs et enfin celui du Conseil de famille, si les impétrants se trouvent dans les cas de l'article 65 du Code civil italien.

Enfin, si le futur a dépassé 25 ans et la future 21, il n'est plus besoin de consentement.

2° Acte de naissance du futur.

3° Acte de naissance de la future.

4° Acte de mariage qui a produit l'alliance.

5° Acte de décès du conjoint.

6° Certificat de bonnes vie et mœurs pour le futur.

7° Même certificat pour la future.

8° Acte de naissance des enfants du premier lit s'il en existe.

9° Actes de décès des ascendants s'ils sont décédés.

B. — *Pour les dispenses de parenté* :

1° Supplique au Ministre de la Justice et des grâces, contenant toutes les indications dont il a été parlé pour les dispenses d'alliance.

2° Acte de mariage des auteurs communs ; acte de mariage des parents, du neveu ou de la nièce.

3° Acte de naissance de la future.

4° Acte de naissance du futur.

5° Acte de naissance de chacun des enfants.

6° Certificat de bonnes vie et mœurs pour le futur.

7° Même certificat pour la future.

8° Actes de décès des ascendants s'ils sont décédés.

C. — *Pour les dispenses d'âge.*

1° Supplique au Ministre de la Justice et des grâces, avec toutes les indications dont il est parlé pour les autres dispenses.

2° Acte de naissance de la future.

3° Rapport, net et concluant, d'un homme de l'art, assermenté, établissant la grossesse de l'impétrante, si la demande a pour objet la grossesse.

4° Acte de naissance du futur.

5° Certificat de bonnes vie et mœurs du futur.

6° Actes de décès des ascendants des futurs, s'ils sont décédés, et pièces équivalentes pour la validité du mariage.

Quelques pièces peuvent être encore nécessaires suivant les cas, mais les consuls facilitent à leurs nationaux la constitution des dossiers et les intéressés n'ont qu'à les consulter sur leur cas particulier.

Ces demandes sont transmises par voie diplomatique au Procureur Général, chargé de faire le rapport au Ministre de la Justice, qui fait rendre le décret par son souverain.

S'il s'agit d'un mariage entre Français et Italien, ils devront obtenir des dispenses des gouvernements Français et Italien.

Les demandes au gouvernement Italien seront adréssées comme nous l'avons indiqué pour les différents cas au ministre Italien par l'entremise du consul, puis, la prohibition levée, les deux futurs présenteront une supplique au Président de la République Française et produiront les mêmes pièces en y ajoutant le décret des dispenses émanant du Royaume Italien.

Il est inutile, en cette circonstance, de faire un double dossier des pièces à produire, car, en adressant l'autorisation, le gouvernement Italien fait retour des pièces produites à l'appui de la demande et les impétrants peuvent alors les remettre au Procureur de la République chargé de l'instruction de la demande en dispenses.

Pour la France, la signature des impétrants doit être seulement légalisée par le Maire qui n'a point besoin comme dans les suppliques destinées à l'Italie de certifier l'exactitude des faits exposés dans la requête. Si les parties ne savent point signer, le maire leur donne lecture de la supplique et constate au bas l'accomplissement de cette formalité. Il agit de même pour les ascendants dont le consentement est requis et qui ne peuvent ou ne savent signer.

Les motifs sur lesquels peuvent s'appuyer les sollicitations sont :

1· *Pour les dispenses d'âge* :

Des causes graves qui tiennent à l'intérêt et à la tranquilité des familles. Elles ne sont accordées que pour protéger l'honneur compromis ou menacé des familles, et en général, l'homme avant 17 ans, la femme avant 14 ans. n'obtiennent l'autorisation de contracter mariage.

2· *Pour les dispenses de parenté ou d'alliance*

Si la future est dans un état de grossesse ou si elle a des enfants naturels dont la légitimation serait permise par mariage subséquent.

Si l'union projetée doit procurer à l'un des époux un établissement avantageux, mettre ses mœurs à l'abri des dangers auxquels sa situation pourrait l'exposer.

Si le mariage est contracté dans l'intérêt de jeunes enfants qui doivent obtenir d'un oncle ou d'une tante la protection et les soins dont la mort de leur père ou de leur mère les a privés.

S'il s'agit de faire cesser un scandale dont la continuation serait un déplorable exemple; si l'union projetée doit faciliter des arrangements de famille; prévenir des procès ou partages onéreux; conserver l'exploitation d'un établissement rural, industriel et commercial. (Circulaires des 22 8bre 1848; 11 9bre 1875.)

Le mariage entre un grand'oncle et sa petite nièce ne peut avoir lieu qu'en conséquence de dispenses accordées conformément à ce qui est prescrit par l'article 164 du code civil. (Décision du 7 mai 1808.)

Mais la prohibition établie par l'art. 163 du code civil français ne s'étend pas aux oncles et tantes, neveux et nièces, par alliance. (Cassation 10 9bre 1858).

Le code italien ne fait pas de réserve à cet égard sous l'article 59 et il est permis de penser que la prohibition ne s'étend pas non plus aux oncles et nièces, tantes et neveux par alliance.

CHAPITRE III

—

De la rédaction des actes de l'Etat civil concernant les italiens.

Les actes de l'Etat civil doivent être rédigés à peu près de la même manière, soit qu'il s'agisse d'étrangers, soit qu'il s'agisse de régnicoles; cependant des traités internationaux et des circulaires ministérielles les interprétant, ont fait un devoir aux officiers de l'Etat civil de recueillir des renseignements et rédiger les actes d'une manière particulière quand les individus qu'ils concernaient étaient italiens.

Nous allons examiner quelles sont les dispositions particulières que les instructions ministérielles prescrivent pour les italiens. Toutefois, avant de prendre en particulier la nature de chaque acte, nous devons dire que les témoins choisis par les parties, pour les actes de l'Etat civil, peuvent être étrangers encore bien que les intéressés soient français et que s'ils réunissent les conditions d'âge et de capacité édictées par la loi française, ils peuvent être admis dans leurs déclarations.

Il suffit, d'après l'article 37 du code civil,

que les témoins soient âgés de 21 ans et du sexe masculin.

§ 1er

NAISSANCES

Les actes de naissances relatifs aux italiens doivent être reçus de la même manière que les déclarations concernant des français, mais il est évident que l'on doit demander au père de l'enfant, si c'est le père du nouveau-né qui est le déclarant, sa nationalité, et en faire mention dans l'acte de naissance s'il dit être étranger. Cette mention insérée dans les actes qui relatent la naissance d'un italien a pour but de faciliter l'exécution de la convention conclue entre la France et l'Italie, le 13 janvier 1875, insérée au *Bulletin des lois* du 10 mai 1875, n° 251.

Aux termes de cette convention, les copies des actes de naissance concernant les italiens doivent être adressées, tous les six mois, par l'intermédiaire des Préfets ou Sous-Préfets, au Ministre de l'Intérieur, qui les transmet à son tour au Ministre des affaires étrangères. Les actes venant de l'étranger suivent la même voie.

Des maires ont à plusieurs reprises consulté les magistrats du ministère public sur le point de savoir s'ils devaient transcrire les actes de naissance concernant les français mais venant de l'étranger.

La loi, sauf pour les mariages, ne fait pas un devoir aux officiers de l'Etat civil de procéder à la transcription des actes de naissance des français nés à l'étranger, mais tous les Ministres de la Justice qui se sont succédé en France ont prescrit aux officiers de l'Etat civil de les transcrire et plusieurs auteurs ont estimé cette précaution non seulement utile mais légale. (Rief, commentaire de la loi sur les actes de l'Etat civil n° 89 ; — Grimm, n°s 176 et 285 ;— Dalloz alphabétique, actes de l'Etat civil, n° 359 ; — Circulaire du Ministre de la Justice du 11 mai 1875).

L'utilité des transcriptions a été reconnue comme étant d'ordre public, elles ont pour effet de faire connaître au gouvernement français le nom et le nombre de jeunes gens nés à l'étranger de parents français, qui doivent être appelés au service militaire.

Les transcriptions ont lieu :

1° Pour ceux qui résident en Angleterre, Belgique, Suède et Norwège, Russie (sauf le littoral de la mer Noire), Autriche, Hongrie (sauf le littoral de l'Adriatique) et en Allemagne, à la mairie du 6me arrondissement de Paris ;

2° Pour ceux qui résident en Suisse, à la mairie de Besançon (Doubs) ;

3° Pour ceux qui résident en Moldo Valachie, en Turquie et généralement dans tous les pays d'Europe, d'Asie ou d'Afrique, à l'exception toutefois de l'Espagne, qui sont baignés, soit par la Méditerranée, soit par des mers adjacentes, à la mairie de Marseille;

4° Pour ceux qui résident en Espagne, au Portugal, dans l'Amérique du Sud et sur les côtes occidentales et orientales de l'Afrique, à la mairie de Bordeaux;

5° Enfin à la mairie du Hâvre, pour ceux qui résident dans l'Amérique du Nord.

L'échange réciproque des actes de l'Etat civil concernant les italiens a été stipulé entre la France et l'Italie, le 11 février 1875. (*Bulletin des lois* du 10 mai 1875, n° 251).

En vertu de cette convention, l'officier de l'état civil doit donc, après avoir demandé la nationalité du père du nouveau-né, adresser une copie de l'acte de naissance d'un italien ou d'une italienne, au Sous-Préfet de son arrondissement ou au Préfet, si la commune se trouve dans un arrondissement chef-lieu ; et tous les six mois, ces fonctionnaires font parvenir au Ministre de l'Intérieur, lequel transmet au Ministre des affaires étrangères, tous les actes relatifs aux Italiens, reçus pendant cette période, Ils sont ensuite distribués par voie diplomatique dans les divers pays d'origine des déclarants.

Les actes reçus en Italie et concernant les Français sont de la même manière, réunis au ministère, et distribués en France dans les divers pays d'origine des Français lorsque ce lieu est connu.

En recevant un acte de l'étranger, l'officier de l'Etat civil doit s'assurer s'il est revêtu de la signature de nos agents consulaires; d'ailleurs ces pièces sont réunies au Ministère des affaires étrangères, qui en contrôle la sincérité, et si les parties intéressées présentaient elles-mêmes un acte à la transcription, le maire aurait le devoir de le soumettre au visa du Ministre des affaires étrangères. (Lettre ministérielle du 21 juin 1811.)

Si on présente également un acte écrit en langue étrangère, l'officier de l'Etat civil doit en exiger la traduction en langue française par un interprête connu ou un professeur de langues étrangères ; il peut, s'il veut éviter des frais à un indigent, adresser la pièce au Procureur de la République de son arrondissement qui la lui retournera après que cette traduction aura été opérée, sauf à la partie intéressée à payer les frais au traducteur. (Décision du Ministre de la Justice du 13 juillet 1811).

Les actes de naissance produits par les italiens qui contractent mariage en France sont, pour ceux nés avant le 15 novembre 1865, reçus par les curés des paroisses du lieu de naissance. Aux termes d'instructions ministérielles, ces actes sont visés par les maires et revêtus ensuite des légalisations nécessaires à l'usage qu'on désire en faire, soit pour mariage à l'étranger, de la légalisation par le Président du tribunal, les premiers Présidents de Cour, Ministres de la justice et des affaires étrangères et Ambassadeurs.

---

§ 2.

DES DÉCÈS

Il n'est rien innové également pour les actes de décès des italiens, quant à la forme de l'acte en lui-même, mais comme pour les naissances il est utile de connaître le lieu de naissance du défunt et sa nationalité pour les mentionner.

L'acte est rédigé sur la déclaration de deux témoins, qui peuvent être étrangers, pourvu qu'ils réunissent les conditions exigées par l'article 37 du Code civil, dont nous avons parlé au paragraphe des naissances. Les déclarants doivent être, autant que possible, parents ou voisins du défunt, parce que dans ces conditions il est plus facile d'obtenir des renseignements sur l'individualité de ce dernier.

Aux termes d'une convention consulaire, conclue entre la France et l'Italie le 26 juillet 1862, quand un italien vient à décéder en France, le maire de la commune où a eu lieu le décès doit informer immédiatement le consul général, consul, vice-consul ou agent consulaire dans la circonscription duquel ledit décès a eu lieu.

Si l'agent consulaire est trop éloigné, l'officier de l'Etat civil doit aviser le Procureur de la République de son arrondissement ; ce dernier magistrat, doit à son tour, en exécution de la convention précitée, prévenir cet agent. Le traité dont s'agit a pour but de régler les attributions des consuls des deux nations en ce qui concerne la liquidation des successions de leurs nationaux. Pour que ce traité reçut sa pleine et entière exécution, M. le Garde des Sceaux, par sa circulaire du 31 décembre 1862, donnait des instructions aux Procureurs généraux recommandant aux autorités françaises de prêter un concours efficace aux consuls Italiens.

Cette convention, ignorée de la plupart des officiers de l'Etat civil, ne recevant pas toute son application, le Ministre de la justice, par une autre circulaire, fit observer, le 14 juin 1869, que les consuls n'étaient pas, le plus souvent, prévenus des décès qui se produisaient parmi les étrangers, qu'ils ne pouvaient, par suite, user du droit que leur conféraient les traités de croiser de leurs scellés ceux qui étaient apposés par le juge de paix. Il recommandait aux juges de paix d'informer, aussitôt qu'ils en avaient connaissance, les consuls les plus rapprochés de leur résidence du décès de leurs nationaux, afin que, si cela était possible, les agents étrangers pussent prendre part à l'apposition des scellés ou que, tout au moins, ils fussent avertis de l'ouverture de la succession avant l'expiration des délais pour faire inventaire et délibérer, au terme desquels, d'après l'art. 811 du code civil, s'il ne se présente personne, la succession est réputée vacante.

Pour être mieux à même de remplir leurs obligatious, lesjuges de paix devaient recommander aux maires des communes, dans lesquelles survenait un décès d'étranger, de leur en donner avis dans le plus bref délai.

Le 17 août 1872 à propos de la convention conclue avec le Chili ; M. le Garde des Sceaux rappelait les prescriptions de ses précédentes circulaires.

Le 8 novembre 1875 le ministre de la Justice appelait l'attention des magistrats des Parquets sur l'inexécution des conventions conclues entre la France et les autres nations et il insistait sur la nécessité, pour les autorités françaises, de se conformer strictement à ces conventions. Il signalait les négligences qui avaient été commises et il les priait de vouloir bien rappeler aux juges de paix l'intérêt qui s'attachait à ce que les consuls les plus rapprochés de leur résidence fussent prévenus, dans le plus bref délai, du décès de leurs nationaux.

Ces instructions ont été et sont trop souvent méconnues, il importe cependant de ne point les négliger si nous voulons éviter les doléances des membres du corps diplomatique étranger et si nous voulons que nos consuls, puissent exercer sans conteste, au profit des héritiers de français morts à l'étranger, les mêmes droits que ceux que nous reconnaissons en France aux représentants des nations étrangères.

Nous recommandons donc aux officiers de l'Etat civil d'observer fidèlement la convention du 26 juillet 1862, intervenue entre la France et l'Italie, en prévenant soit le Consul italien, s'il est rapproché de leur résidence, soit le Juge de paix de leur canton, soit le Procureur de la République de leur arrondissement, toutes les fois qu'il surviendra dans leur commune le décès d'un italien.

§ 3

ACTES DE PUBLICATIONS

La rédaction des actes de publications pour les étrangers ne présente rien de particulier. Pour les italiens, nous l'avons déjà dit au paragraphe spécial des publications, il faut faire procéder aux publications en Italie, et dans ce but, rédigèr préalablement une réquisition au maire italien chargé de publier, soit au lieu d'origine, soit au dernier domicile et si le futur n'a jamais habité le royaume Italien, au dernier domicile de ceux sous l'autorité desquels il se trouve placé quant au mariage. Puis, la partie intéressée adresse cette réquisition à l'agent consulaire du gouvernement italien, le plus rapproché de sa résidence et l'agent destinataire en France, après avoir régularisé la pièce la transmet au maire qui doit publier et qui est chargé d'envoyer après les délais légaux le certificat de non opposition.

Les réquisitions d'ordinaire sont rédigées dans les deux langues: française et italienne. Le maire qui n'a pas de traducteur dans sa commune peut, pour les parties indigentes, transmettre les pièces au Procureur de la République de son arrondissement qui les fait traduire aux frais des intéressés.

La réquisition doit contenir les nom, prénoms, profession. domicile des futurs, leur qualité de majeur ou de mineur ; les nom. prénoms, profession, domicile des père et mère des futurs ou de ceux sous l'autorité desquels ils sont placés s'ils se trouvent en état de minorité quant au mariage. Elle doit faire connaître les jours choisis, en France, pour la publication du mariage et mentionner la réquisition pour publier en Italie.

Cette pièce est délivrée sur papier non timbré.

§ 4.

ACTES DE MARIAGE

On ne peut exiger pour le mariage des étrangers en France d'autres formalités que celles prescrites par la loi française

L'officier de l'Etat civil doit veiller à la stricte observation des formes de la loi française, mais il doit bien prendre garde de ne pas confondre les formes du mariage avec la capacité des contractants.

L'Italien qui a atteint 25 ans, l'italienne qui a atteint 21 ans, n'ont plus besoin du consentement de leurs parents pour contracter mariage. Le maire célébrant n'a pas à exiger dans ce cas la présence, lors de la célébration du mariage, des père, mère ou autres ascendants, pas plus que la production d'une procuration puisque leur consentement n'est pas requis pour les futurs qui ont atteint l'âge précité. (Art. 63, c. c. italien).

Il n'y a donc qu'à insérer dans l'acte de célébration que le consentement n'est ni donné, ni produit par acte authentique parce que le statut personnel du futur ou de la future ou des deux futurs n'exige pas une pareille justification.

Si les deux époux ou l'un des époux ne parlaient pas la langue française ou ne la comprenaient pas, il y a lieu de choisir un interprête qui prête serment, entre les mains de l'officier de l'Etat civil, de traduire fidèlement les déclarations et réponses entre personnes ne parlant pas la même langue. Il est fait mention dans l'acte de mariage des nom, prénoms, âge, profession et domicile de l'interprète et de la formalité de sa prestation de serment, entre les mains de l'officier célébrant.

Il est certain que l'étranger n'a aucune justification militaire à faire puisqu'il n'appartient à aucune des catégories de l'armée française.

CHAPITRE IV

Formalités qui précèdent ou suivent les actes.

§ 1.

TRADUCTIONS

« Tout acte de l'Etat civil des français et « des étrangers, fait en pays étranger, fera « foi, s'il a été rédigé dans les formes usitées « dans ledit pays, » nous dit l'article 47 du code civil. Il n'est donc pas nécessaire que les actes qui émanent des autorités étrangères soient rédigés dans les formes prescrites par la loi française ; il existe dans cette matière un principe formulé dans la maxime «Locus regit actum» et qui est accepté presque universellement, mais l'article précité ne prête pas à interprétation, ce sont les formes usitées dans le pays duquel émane les actes qui sont admises par les autorités françaises, mais comme l'officier de l'Etat civil peut ne pas connaître toutes les langues, il faut au préalable, que les actes qui doivent lui être produits soient traduits par un traducteur juré. (Circulaire du Ministre de la Justice du 13 juillet 1811), et pour éviter à un indigent des frais de voyage, de recherches et de séjour dans le chef-lieu de l'arrondissement, le maire fait parvenir les pièces au Procureur de la République qui les fait traduire par l'interprète du tribunal ou un professeur de langues étrangères et les retourne à la partie intéressée, sauf à cette dernière à payer les frais de traduction.

Les traductions doivent être faites sur papier timbré et le timbre de la pièce produite doit avoir la même dimension que celles qui sont exigées en France, ainsi qu'il résulte de l'article 12 de la loi du 13 brumaire, an VII, ainsi conçu:

« Seront assujettis au droit de timbre éta« bli en raison de la dimension tous les pa« piers à employer pour les actes ou écritu« res, soit publics, soit privés, savoir :

« 1· Les actes de notaire et les extraits; « copies et expéditions qui en sont délivrés, « les actes particuliers des juges de paix et « de leurs greffiers; ceux des autres juges et « commissaires du Directoire exécutif et ceux « reçus aux greffes ou par les greffiers, ainsi « que les extraits, copies et expéditions qui « s'en délivrent; les actes des autorités cons« tituées administratives qui sont assujettis à « l'enregistrement ou qui se délivrent aux ci« toyens et toutes les expéditions et extraits « des actes, arrêtés, délibérations desdites « autorités qui sont délivrés aux citoyens et

« généralement tous actes et écritures, ex-
« trait, copie et expéditions, soit publics, soit
« privés, devant ou pouvant faire titre ou
« être produits pour obligation, décharge,
« justification, demande ou défense. »

Ainsi par exemple : un acte de naissance doit être traduit sur une feuille de timbre de 1 fr. 80; un certificat de publication doit être traduit sur feuille de timbre de 60 centimes. Enfin, l'original de l'acte étranger doit être aussi soumis au visa pour timbre du Receveur de l'enregistrement, avant qu'il en soit fait usage, ainsi qu'il est dit à l'article 13 de la loi du 13 brumaire an VII, conçu en ces termes:

« Tout acte fait ou passé en pays étranger « ou dans les îles et colonies françaises où le timbre n'aurait pas été établi, sera soumis au timbre avant qu'il puisse en être fait aucun usage en France, soit dans un acte public, soit dans une déclaration quelconque, soit devant une autorité judiciaire ou administrative », à moins qu'il ne s'agisse d'indigents, auquel cas le visa est donné gratis conformément à la loi du 10 décembre 1850.

Ces pièces sont signées et paraphées, tant par le traducteur que par l'officier de l'Etat civil. (Art. 44 du Code civil).

Un acte de mariage, un décès, une naissance ne pourraient, bien qu'ils soient relatifs à des français, être transcrits sur les registres français sans avoir été préalablement traduits. C'est cette traduction seule qui doit être transcrite.

Les actes étrangers doivent être, tout comme leur traduction, annexés aux registres de l'état civil qu'elle que soit la nature de l'acte produit : naissance, décès ou mariage.

Pour le mariage d'un étranger les interpellations de l'officier de l'Etat civil et les réponses des parties contractantes doivent être traduites par un interprête au moment de la célébration.

§ 2

LÉGALISATIONS

La signature des officiers de l'Etat civil étrangers, apposée sur les pièces qu'ils délivrent et dont il doit être fait usage en France pour le mariage, doit être légalisée par les ministres ou ambassadeurs français en résidence dans le pays d'où ces pièces émanent, et ces dernières, visées en France au Ministère des affaires étrangères. — (Ordonnance d'août 1681; ordonnance du 20 mai 1818; articles 6 et 7 de l'ordonnance du 25 octobre 1833; circulaire du 7 août 1855.— Dalloz alphabétique v° légalisations; circulaire du 21 juin 1814).

Et à défaut d'agent diplomatique ou consulaire français, dans le pays étranger, les actes en provenant sont visés à Paris par l'ambassadeur de la puissance de laquelle proviennent les actes. — (Ordonnance du 26 juillet 1821).

Mais le défaut de légalisation des actes représentés à l'officier de l'Etat civil par des étrangers ne doit pas empêcher de procéder à leur mariage lorsqu'ils justifient de l'impossibilité dans laquelle ils se trouvent de faire remplir cette formalité, alors surtout qu'il n'existe aucun motif de suspecter l'authenticité des actes produits. — (Circulaires ministérielles des 19 décembre 1817 et 19 décembre 1818).

Le ministère des affaires étrangères refuse d'intervenir pour faire légaliser à l'étranger des pièces émanant des autorités étrangères et qui ne sont point revêtues de cette formalité, alors même qu'il s'agirait d'indigents. — (Circulaire du 30 août 1862).

Mais pour les actes émanant des Consuls de France en Italie et qui doivent servir en France ou pour ceux des Consuls italiens à destination d'Italie, les formalités ont été simplifiées par suite d'une convention consulaire intervenue entre l'Italie et la France.

Par une circulaire en date du 14 septembre 1866, le Ministre de la Justice a signalé cet accord aux Parquets généraux. Il a été alors décidé qu'il n'y avait pas lieu d'assujettir les actes italiens à la double légalisation du Consul général d'Italie, à Paris, et du Ministre des affaires étrangères les signatures des agents diplomatiques français en Italie. En exécution de cet accord, la signature des consuls français en Italie a été déposée au greffe du tribunal d'arrondissement de leur résidence et les Présidents de ces tribunaux ont qualité pour légaliser les signatures de ces fonctionnaires.

§ 3

INDIGENCE

L'article 9 de la loi du 10 décembre 1850 permet, à l'étranger indigent qui épouse une française, de bénéficier de la réduction des taxes des actes de l'Etat civil nécessaires à son mariage et le dispense du paiement des droits de timbre et d'enregistrement des mêmes pièces; mais cette loi n'est pas applicable lorsque les deux conjoints sont étrangers. — (Décision Ministérielle. — Lettre au Procureur Général d'Amiens du 18 juillet 1877. Bulletin officiel du Ministère de la justice; juillet-septembre 1877 — page 91. — Bulletin officiel du Ministère de la justice pour 1887 page 247).

Les Italiens peuvent obtenir gratuitement dans le royaume d'Italie, s'ils sont indigents, les pièces nécessaires à leur mariage en se conformant aux prescriptions édictées par les règlements italiens.

En règle générale, les étrangers qui n'ont pas été admis à établir leur domicile en France, ne peuvent demander à bénéficier de la loi du 22 janvier 1851 sur l'assistance judiciaire, devant les tribunaux français, soit comme demandeurs, soit comme défendeurs, que dans le cas où une convention diplomatique intervenue entre la France et leur pays d'origine a stipulé la réciprocité. — (Correspondance du Garde des Sceaux avec le Ministre des affaires étrangères. — Lettres du Garde des Sceaux aux Procureurs généraux de Metz, du 11 mai 1855; de Grenoble, du 27 août 1856, et de Paris, du 4 novembre 1857).

Mais pour les Italiens, une convention consulaire du 19 février 1870, promulguée par décret du 7 mai 1870, ayant admis la réciprocité en matière d'assistance judiciaire, il est permis aux italiens de se pourvoir devant les bureaux d'assistance français après avoir fait constater leur indigence par les bureaux d'assistance judiciaire italiens; de même que les bureaux français n'ont pas compétence pour accorder l'assistance judiciaire aux français qui veulent plaider en Italie; l'indigence seule doit être constatée et c'est devant les bureaux Italiens que l'assistance doit être accordée ou refusée.

De la sorte, l'Italien qui aurait a faire rectifier des actes d'état civil français par les tribunaux français pourrait, par application de la loi sur l'assistance judiciaire et en vertu de la convention précitée, obtenir gratuitement ces rectifications; l'assistance judiciaire pouvant être accordée pour ces procédures. (Bureau d'assistance judiciaire de Paris, 23 mai 1869 D.P - 70 - 3 - 16. — Sabatier. Commentaire de la loi du 22 janvier 1851 — n° 81 — Brière Valigny. — Code de l'assistance judiciaire n° 77. — Rioche, dictionnaire de procédure.

Dans la pratique même, les étrangers n'ont pas à réclamer la constatation de leur indigence par les bureaux d'assistance de leur nation; quand il existe la réciprocité pour l'assistance judiciaire les bureaux français se contentent des certificats de non-imposition français et de la déclaration d'indigence faite par l'étranger devant la municipalité de sa résidence française. (Décisions nombreuses du bureau d'assistance judiciaire près le tribunal civil d'Alais; 1880-1882-1887. Décision du bureau de la Cour de Nimes, 1888).

APPENDICE

—

CIRCULAIRES & FORMULES

CIRCULAIRES

30 FRIMAIRE AN XII

L'étranger qui veut se marier en France peut suppléer par des actes de notoriété à ceux qu'il ne pourrait produire.
(Loi du 14 septembre 1793, art. 70 code civil).

5 GERMINAL AN XII

Lorsque la transcription sur les registres de l'Etat civil d'un acte de mariage passé en pays étranger n'a pas été fait dans les trois mois, elle ne peut être ordonnée que par jugement.

(Art. 171 code civil.— Mourlon c.c. n° 599 page 308.— Circulaire du Ministre de la Justice du 7 mai 1822).

7 JUIN 1806

Le prisonnier de guerre ou l'étranger peut suppléer aux actes que la loi exige pour le mariage par un acte de notoriété constatant l'impossibilité où il est de les produire.

(13 août 1810.— Circulaire du Ministre de la Justice confirmant celle du 7 juin 1806.— Avis du Conseil d'Etat du 4me jour complémentaire an XIII.—Code civil, art. 70 et 155).

13 AOUT 1810

Il peut être procédé au mariage en France de prisonniers de guerre en exigeant un acte de notoriété qui justifie de leur impossibilité de se procurer leur acte de naissance et le consentement de leurs parents.

(Voir circulaire du 7 juin 1806, conforme à la lettre ministérielle du 30 frimaire an XII. — Circulaire du 21 mars 1812, Hutteau d'Origny, de l'Etat civil, page 354 n° 4).

13 JUILLET 1811

L'Officier de l'Etat civil auquel on présente un acte écrit en langue étrangère doit en exiger la traduction en langue française, par un interprête connu et pour éviter à un indigent des frais de voyages, de recherches et de séjour dans le chef-lieu de l'arrondissement; il peut envoyer la pièce au magistrat du Ministère public, qui la lui retournera traduite, sauf à la partie intéressée à payer les frais.

(Adam. Le Guide de l'Etat civil, page 72.— Conf. Ruff. Commentaire, page 237 n° 85.

31 MARS 1812

Les tribunaux doivent homologuer les actes de notoriété produits pour contracter mariage, par les personnes de guerre et constatant leur impossibilité de sè procurer, soit leur acte de naissance, soit le consentement ou les actes de décès de leurs ascendants. Lorsque l'étranger est mineur de 21 ans, l'autorisation d'une assemblée de parents, amis ou voisins est nécessaire.

(Avis du Conseil d'Etat du 4me jour complémentaire an XIII, c.c. 160.— Circulaire du 7 juin 1806).

21 JUIN 1814

Les actes de l'Etat civil reçus en pays étranger, doivent pour être admis en France comme authentiques, être vérifiés au Ministère des affaires étrangères.

(Lettre ministérielle. — Conf. Hutteau d'Origny, page 116).

15 OCTOBRE 1814

Les actes de l'Etat civil, revêtus des formalités légales usitées aux lieux où ils ont été reçus, doivent être transcrits, en France, sur les registres de la commune du dernier domicile des personnes qu'ils concernent.

(Lettre ministérielle, Gillet et Demoly, numéro 962).

3 SEPTEMBRE 1816

Lorsqu'un acte de l'Etat civil a été légalisé par le Président du tribunal, en pays devenu depuis étranger à la France, il n'a plus besoin d'être légalisé par l'ambassadenr de cette puissance.

(Lettre ministérielle.— Conf. Hutteau d'Origny).

29 DÉCEMBRE 1816

Le défaut de légalisation des actes représentés à l'officier de l'Etat civil par des étrangers ne doit pas empêcher de procéder à leur mariage, lorsqu'il n'a pas tenu aux parties intéressées de se la procurer et lorsque d'ailleurs il n'existe aucun motif de suspecter l'authenticité de ces actes.

29 DÉCEMBRE 1817

Lorsqu'un étranger. désirant contracter mariage, présente un acte non revêtu de la légalisation et qu'il justifie de l'impossibilité où il se trouve de faire remplir cette formalité dans son pays, l'officier de l'Etat civil peut procéder à la célébration du mariage.

17 octobre 1818

L'article 70 du code civil prescrit au Français qui s'est marié en pays étranger de faire transcrire, dans les trois mois de son retour en France, l'acte de célébration de son mariage sur les registres de l'état civil du lieu de son domicile; quoiqu'il ne prescrive rien de semblable pour les actes de naissance et de décès, il est bon de remplir cette formalité.

16 août 1817

L'article 55 de la loi du 28 avril 1816, soumet au droit de sceau et au droit proportionnel d'enregistrement les expéditions des ordonnances royales accordant dispenses d'âge pour raison de mariage.

Sa Majesté considérant que ces dispenses sont souvent accordées à des personnes pauvres, et qu'il serait difficile de les assujettir au paiement d'un droit que la plupart d'entre elles ne pourraient peut être pas acquitter, sans qu'il en résultât quelque préjudice pour la morale publique, a ordonné qu'à l'avenir les dispenses d'âge pour mariage, seront délivrées gratuitement, lorsqu'il aura été reconnu que les parties sont hors d'état d'acquitter le droit.

Comme il importe que cette disposition bienfaisante ne soit appliquée qu'à ceux qui sont dans le cas d'y prétendre, vous aurez soin, lorsqu'on vous remettra des demandes en dispenses d'âge pour mariage, de vérifier si ceux qui les forment sont ou non en état de payer les droits, et de me donner un avis positif sur cet objet, indépendamment de celui que vous devez joindre à chaque pétition sur le mérite de la demande elle-même.

28 mai 1821

Le mariage étant de droit naturel, l'étranger n'a pas besoin, pour le contracter, d'être autorisé a jouir des droits civils.
(Décision. — Gillet et Demoly, page 278.

7 mai 1822

Lorsque le Français prend, à son retour en France, un autre domicile que celui qu'il avait précédemment, la transcription de l'acte de mariage reçu à l'étranger doit être faite dans les deux communes, et si le délai de 3 mois est passé, elle ne peut être autorisée que par jugement. La transcription n'est pas nécessaire pour les mariages contractés dans des pays qui se trouvaient réunis à la France.

10 mai 1824

Des demandes de dispenses d'âge et de parenté me sont adressées fréquemment; elles sont fondées, pour la plupart, sur des motifs qui tiennent à l'intérêt et à la tranquilité des familles, quelquefois même à l'honneur des individus qui les forment.

Toutefois, très-peu de ces demandes sont en état de recevoir une décision lorsqu'elles parviennent dans les bureaux de mon département.

Le ministère public est appelé, par l'article 2 de l'arrêté du 20 prairial an XI (9 juin 1803), à donner son avis, à éclairer le Gouvernement sur les faits qui sont exposés, ainsi que sur les causes graves qui sont alléguées à l'appui de ces demandes.

Pour établir une marche uniforme, toujours désirable dans les affaires et surtout dans celles de cette nature, et pour en accélérer l'expédition le plus qu'il est possible, j'ai trouvé à propos de vous adresser des instructions relatives aux formalités à observer et aux pièces à produire par les personnes qui désirent obtenir des dispenses d'âge et de parenté.

1. *Dispenses d'âge*

L'article 144 du code civil déclare que l'homme, avant 18 ans, et la femme, avant 15 ans révolus, ne peuvent contracter mariage.

Toutefois, l'article 145 laisse au Roi la faculté d'accorder des dispenses d'âge, pour des motifs graves. Mais d'abord il est de jurisprudence ou d'usage, 1° de ne jamais accorder de dispenses aux hommes avant 17 ans accomplis, et aux femmes avant 14 ans accomplis, sauf pour celles-ci le cas où elles seraient devenues grosses avant cet âge; 2° de rejeter toute demande de dispenses lorsque l'homme est de quelques années plus jeune que la femme, en effet l'âge supérieur de celle-ci autorise à croire qu'il y a séduction de sa part, l'on ne peut d'ailleurs favoriser des unions, disproportionnées du reste ; la loi n'a point déterminé les causes de dispenses elles peuveut dépendre de diverses circonstances dont elle a confié l'examen à la prudence et à l'impartialité des magistrats.

Ils doivent donc les apprécier avec une sage sévérité.

La plus grave, sans contredit, est la grossesse de la future.

Mais elle n'est pas la seule qui puisse motiver des dispenses.

Ainsi il pourra, selon les circonstances, y avoir cause de dispenses, si le mariage projeté doit assurer à l'individu dispensé un état et des moyens d'existence (s'il en manque); s'il doit mettre ses mœurs à l'abri du danger auquel il serait exposé.

La demande de dispenses d'âge doit être régulièrement présentée et signée par les futurs, s'il est possible, par les père et mère ou ascendants dont le consentement est requis pour le mariage, ou par le tuteur ad hoc dans le cas de l'article 159 du code civil; elle doit être accompagnée de l'avis du conseil de famille dans le cas de l'art. 160 du même code, et toujours des actes de naissance des futurs dûment légalisés ou des actes de notoriété qui peuvent remplacer ceux-ci, conformément aux articles 70, 71 et 72 du code civil.

S'il y a grossesse, elle devra être constatée par le rapport d'une personne de l'art assermentée; le rapport sera annexé aux autres pièces.

Tout rapport de ce genre qui laisserait des incertitudes et des doutes sur le fait de la grossesse, et qui n'offrirait que des présomptions vagues, serait considéré comme le résultat d'une complaisance coupable tendant à induire en erreur l'autorité, et ne produirait aucun effet. S'il y a des enfants nés du commerce des parties, les actes de naissance, reconnaissance et décès (s'il y a lieu) de ces enfants, devront être produits.

Si l'un des futurs a été engagé dans les liens d'un précédent mariage, il doit justifier qu'il est libre d'en contracter un nouveau en produisant l'acte de décès de son conjoint.

En me transmettant ces pièces et votre avis motivé, vous me ferez connaître si les parties sont en état d'acquitter les droits de sceau ; si leur indigence ne leur permet pas d'y satisfaire, la preuve doit en être rapportée et jointe aux autres pièces, conformément à la circulaire du 16 août 1817, n° 8361, B. 3; j'ajouterai que la remise annoncée par cette circulaire et établie par une ordonnance du 25 juin 1817, pour la délivrance des dispenses d'âge aux indigents, s'étend au droit de sceau, d'enregistrement et de référendaire et que par une autre ordonnance du 22 octobre 1820, la faculté d'accorder aux indigents la remise de ces droits s'applique également aux dispenses de parenté.

Vous aurez soin d'indiquer le référendaire qui doit être chargé des intérêts des impétrants à défaut de cette indication par les parties, elle sera faite dans mes bureaux.

II. *Dispenses de parenté.*

L'article 163 du code civil prohibe le mariage entre l'oncle et la nièce, la tante et le neveu.

Mais la loi, toujours sage et prévoyante, a reconnu que dans certains cas et pour des motifs déterminés, ces mariages, prohibés en principe, pouvaient être nécessaires ; aussi a-t-elle remis à Sa Majesté le pouvoir de lever la prohibition, lorsqu'il est constaté qu'il y a des causes graves (article 164). Cette faculté a été étendue par le décret du 7 mai 1808, au mariage du grand'oncle avec sa petite nièce.

Ce qui a été dit, quant à la forme, touchant les dispenses d'âge, peut s'appliquer également aux demandes de dispenses de parenté pour mariage, en y ajoutant quelques formalités qui sont particulières à celles-ci.

Ainsi, comme les demandes de dispenses

d'âge, celles de dispenses de parenté doivent être présentées et signées par les futurs, et accompagnées de leurs actes de naissance revêtus des formes prescrites par l'article 45 du code civil; il faudra de plus que les parties produisent, à partir de l'auteur commun, les actes de naissances et de mariages indispensables pour établir d'une manière incontestable le degré de parenté entre elles. S'il y a grossesse, elle devra être constatée comme il a été dit ci-dessus.

Aux causes qui ont été indiquées comme pouvant déterminer la concession de dispenses d'âge, on peut ajouter, pour les dispenses de parenté, celles qui résulteraient d'affections nées de rapports et de soins naturels et inévitables de familles; de la volonté de mettre fin à des procès réels, à des discussions qui pourraient compromettre les intérêts communs ou isolés des parties.

Ma circulaire du 18 août 1823 vous a averti que ceux qui professent la religion catholique, apostolique et romaine doivent, avant tout, justifier que des dispenses ecclésiastiques leur ont été accordées pour s'unir en mariage. La déclaration de leur pourvoi en cour de Rome ne suffirait pas pour faire accueillir leur demande. (1)

(1) Cette partie de circulaire est abrogée.

Les étrangers qui se marient en France sont soumis, comme les sujets du Roi, à la nécessité d'obtenir des dispenses dans les cas déterminés par la loi, quand même celle de leur pays ne leur imposerait pas cette obligation, par la raison que le mariage, étant un contrat du droit des gens, est toujours, quant à la forme, régi par la loi du pays où il se passe. Il n'y a pas de distinction à établir entre le cas d'un mariage contracté entre deux étrangers et celui contracté entre un étranger et un Français.

Enfin les lettres patentes, portant dispenses d'âge ou de parenté ne doivent pas demeurées déposées au greffe ; elles doivent être enregistrées, sur les réquisitions du ministère public, et en vertu d'une ordonnance du Président du tribunal, sur un registre ad hoc, tenu au greffe ; il en est ensuite délivré une expédition pour être annexée à l'acte de célébration de mariage ; elles doivent enfin être remises aux impétrants, avec la mention de l'enregistrement sur le revers, (circulaire du 11 mars 1882, n· 1296 B. 5.)

Vous voudrez bien m'accuser la réception de cette lettre et veiller à ce que les instructions qu'elle renferme soient exactement observées afin que les demandes de dispenses, parvenues au ministère complètement en état et avec toutes les pièces nécessaires n'éprouvent désormais aucun retard.

4 Mars 1831

Dans plusieurs Etats limitrophes ou voisins de la France, la loi défend aux regnicoles de se marier en pays étranger, sans une autorisation du gouvernement, sous peine de nullité de mariage. Pour prévenir ce résultat, il faut exiger de l'étranger, non naturalisé, qui se marie en France, la justification par un certificat des autorités du lieu de sa naissance ou de son dernier domicile dans sa patrie qu'il est apte, d'après les lois qui régissent sa capacité, à contracter mariage avec la personne qu'il se propose d'épouser; en cas de contestation, les tribunaux compétents seront appelés à statuer. L'étranger majeur qui n'a pas acquis de domicile en France par une résidence de plus de six mois est tenu de faire faire, à son dernier domicile à l'étranger, les publications prescrites. Il en est de même du Français qui se trouve, relativement au mariage, sous la puissance de personnes domiciliées à l'étranger. Les publications doivent avoir lieu suivant les formes usitées dans chaque pays et leur accomplissement constaté par un acte émanant des autorités locales.

Code civil, art. 167 et 168. — Avis du conseil d'Etat du 20 décembre 1823. — Voir dans le sens contraire un jugement du tribunal de Rennes du 26 mars 1842. — Sirey Devilleneuve 1842-2-336- Dalloz 1839-3-60. —

Dans le sens de la circulaire Demolombe, tome 3 page 358, n° 231. Hutteau d'Origny (de l'Etat Civil) p. 352 n° 5, lettres ministérielles des 11 avril 1844 et 21 juin 1851).

Enfin la circulaire du Ministère de la justice du 6 février 1855 apporte quelques modifications à celle du 4 mars.

(Hutteau d'Origny, p. 354 n° 7. — Mersier pages 278 et suivantes ; traité des actes de l'Etat civil.

28 avril 1832.

La loi du 16 de ce mois, modifiant l'article

164 du code civil, autorise le Roi à lever pour des causes graves, les prohibitions portées par l'article 162 de ce code aux mariages entre beaux-frères et belles-sœurs, et par l'article 163 aux mariages entre l'oncle et la nièce, la tante et le neveu. Déjà un décret, intervenu le 7 mai 1808, sur une délibération du Conseil d'Etat, avait établi la nécessité de semblables dispenses pour le mariage du grand'oncle avec sa petite nièce.

Vous êtes appelé à me donner votre avis motivé sur les faits exposés ainsi que sur les causes alléguées à l'appui des demandes de dispenses. Je vous rappelle, à cet égard, les dispositions de l'article 2 de l'arrêté du 20 prairial an XI, et je saisis cette occasion pour vous faire connaître dans quel esprit je désire que vous dirigiez à l'avenir les informations destinées à m'éclairer sur les décisions à prendre en pareille matière.

La loi exige que toute dispense soit justifiée par des causes graves. Mon intention, conforme au vœu manifesté par les Chambres, est de suivre à la rigueur cette prescription de la loi. Il ne faut point oublier qu'entre beaux-frères et belles-sœurs, comme entre oncles et nièces, la prohibition du mariage est la règle, et les dispenses l'exception. Elles ont donc besoin d'être motivées par des circonstances toutes particulières que vous prendrez soin de vérifier. Sans la sévérité que je vous recommande d'apporter dans l'examen des demandes de dispenses, et dans la vérification des faits exposés à l'appui de ces demandes, la prohibition dont le législateur a maintenu le principe ne serait plus qu'un jeu, l'exception prendrait la place de la règle, et le système de la loi serait renversé.

J'appelle aussi votre attention sur la nature des causes qui peuvent motiver des dispenses. Trop souvent, jusqu'à ce jour, on a cru pouvoir invoquer comme un titre l'existence antérieure d'un commerce scandaleux. La faveur accordée à de pareils motifs serait un encouragement donné à la corruption des mœurs. Il importe au contraire de maintenir dans l'exécution de la loi dont il s'agit une sévérité de principes qui, laissant au scandale sa flétrissure, conserve à la morale publique tous ses droits, et au bon ordre des familles toutes ses garanties.

Les circonstances qui méritent d'être prises en considération sont surtout celles qui doivent rendre les mariages profitables aux familles. Sans pouvoir embrasser d'avance les motifs divers dont l'appréciation déterminera ma décision, je crois devoir vous en signaler quelques-uns qui vous serviront d'exemples. Il faut placer en première ligne l'intérêt des enfants, nés d'un premier mariage, qui retrouveraient dans un oncle la protection d'un père, dans une tante les soins d'une mère. Il convient aussi de faciliter le mariage qui aurait pour résultat de conserver un établissement ou une exploitation dont la ruine blesserait des intérêts importants à ménager. Enfin, l'union qui devrait procurer à l'un des époux un état ou des moyens d'existence, celle qui tendrait à prévenir où à terminer un procès, à empêcher un partage nuisible, à faciliter des arrangements de famille, se présenterait avec des motifs de nature à lui concilier l'approbation de l'autorité.

Il y a lieu de maintenir l'ancien usage de n'accorder jamais de dispenses d'âge aux hommes avant dix-sept ans accomplis, ni aux femmes avant quatorze ans, à moins de circonstances tout à fait extraordinaires, et d'éviter autant que possible, sous ce rapport, les unions disproportionnées.

Toutes les règles que je viens de vous tracer, intéressant les bonnes mœurs et l'ordre public, sont également applicables aux étrangers qui voudraient se marier en France.

Vos substituts voudront bien dans tous les cas ne rien négliger pour découvrir quels sont en réalité les motifs déterminants du mariage; si l'influence du futur (quand c'est un oncle par exemple) ou si l'autorité de la famille ne porterait pas une atteinte fâcheuse à la liberté des consentements. Ils chercheront aussi à pressentir l'impression que devra produire sur l'esprit de la population du pays la célébration du mariage projeté.

Je passe aux formalités purement matérielles. Les pièces à produire seront les extraits des actes de naissance des réclamants, légalisés conformément à l'article 45 du Code civil, ou les expéditions des actes de notoriété qui peuvent les suppléer, aux termes des articles 70 et suivants du même code, et de plus s'il s'agit de dispenses de parenté, les extraits des actes de naissance et de mariage, indispensables pour établir d'une manière incontestable le degré de parenté. Si l'un des futurs a été engagé dans les liens d'un précédent mariage, il devra justifier qu'il est libre d'en contracter un nouveau, par la production d'un extrait de l'acte de décès de son conjoint.

Toute demande doit être, autant que possible, signée par les futurs, par les père et mère ou ascendant, dont le consentement ou le conseil est requis pour le mariage, ou par le tuteur ad hoc, dans le cas de l'article 159 du code civil.

En me transmettant ces pièces et votre avis motivé, vous me ferez connaître si l'état de fortune des futurs époux les met dans le cas d'invoquer le bénéfice de la loi du 21 de ce mois, pour l'exemption de tout au partie des droits du sceau. La preuve de l'indigence devra être apportée et jointe aux autres pièces.

Enfin, vous savez qu'aux termes de l'article 5 de l'arrêté du 20 prairial an XI, les lettres patentes portant dispenses d'âge ou de parenté ne doivent pas demeurer en dépôt au greffe ; il faut qu'elles soient enregistrées, sur les réquisitions du ministère public et en vertu d'une ordonnance du président du Tribunal, sur un registre ad hoc, tenu au greffe.

Il en est ensuite délivré une expédition pour être annexée à l'acte de célébration du mariage. Les lettres-patentes doivent être remises aux impétrants avec la mention de l'enregistrement sur le revers.

Vous voudrez bien m'accuser réception de la lettre et veiller à ce que les instructions qu'elle renferme soient exactement observées.

23 juillet 1839

Monsieur le Procureur du Roi,

La circulaire ministérielle du 28 avril 1832 relative à l'accomplissement des dispositions de la loi du seize du même mois, qui a permis d'accorder, en certains cas, des dispenses d'alliance pour les mariages entre beaux-frères et belles-sœurs, n'a pas reçu, jusqu'à ce jour, en ce qui concerne la position de fortune des parties, toute l'exécution qu'on était en droit d'attendre. Très fréquemment, il arrive que les dossiers ne contiennent pas sur ce point, les renseignements désirables, soit, parce que les preuves fournies sont insuffisantes, soit parce que l'avis des magistrats est exprimé sans documents à l'appui; quelquefois même, le dossier ne renfermant ni avis, ni preuves, gardent un silence complet à cet égard. De là, la nécessité de procéder à une instruction nouvelle qui entraîne des retards nuisibles à de précieux intérêts, en vous signalant cet état de choses. J'appelle toute votre attention sur cette partie des demandes qui doit être d'autant moins négligée qu'il s'agit à la fois et des intérêts des parties et du trésor. Votre soin doit s'appliquer à combiner ces deux intérêts. La loi du 21 avril 1832 a voulu que les droits pussent être remis en tout ou partie, mais pour ceux-là seulement qui sont dans l'impossibilité absolue de satisfaire au paiement intégral ; les charges doivent donc le proportionner rigoureusement aux ressources. A l'avenir, chaque dossier de dispenses d'âge, de parenté et d'alliance devra contenir, pour chacun des deux futurs, la justification :

1° Du revenu réel des propriétés ;

2° Des impôts dont elles sont grevées ;

3° Du produit de l'industrie ;

4° Des autres ressources possédées à un titre quelconque.

Vous devrez indiquer, aussi, les charges que les parties auraient à supporter envers leurs enfants ou leurs auteurs, en ayant soin, toutefois d'exprimer si, dans la réalité, ces charges ne se trouveraient pas atténuées ou compensées par les produits de travaux que ceux-ci apporteraient, en échange, dans le ménage commun.

Enfin votre avis devra être donné sur la convenance qu'il y aurait à exiger le paiement intégral des droits (1) ou sur la nécessité de les réduire à une somme dont la quotité serait alors précisée.

Telle est, Monsieur le Procureur du Roi, la marche la plus convenable pour éviter, à l'avenir, des retards qui ont excité de vives plaintes. Vous voudrez bien vous y conformer, et ne m'adresser dorénavant les dossiers qu'après qu'une soigneuse instruction les aura rendus tout à fait complets, et de la manière que j'indique sous le rapport de la position pécuniaire de ceux qui les sollicitent.

Votre zèle éclairé me répond à l'avance, du soin et de l'empressement que vous mettrez à prescrire à vos auxiliaires des instructions conformes à cette circulaire dont je vous prie de m'accuser réception aussitôt qu'elle vous sera parvenue.

26 février 1840

Les regnicoles ayant seuls qualité pour invoquer le bénéfice de certaines exceptions

(1) Ils s'élèvent pour les dispenses d'âge à 150 fr. et à 302 pour les dispenses d'alliance et de parenté, les honoraires du référendaire et tous frais compris.

introduites par la loi ancienne, les étrangers ne peuvent obtenir des dispenses d'alliance.

11 septembre 1843

L'étrangère qui veut épouser en France son beau-frère doit obtenir des dispenses de son gouvernement.

25 mars 1844

Monsieur le Procureur du Roi,

J'ai reçu, sous la date du seize de ce mois, une lettre de M. le Garde des sceaux ainsi conçue :

Monsieur le Procureur Général,

Les demandes de dispenses de mariage entre beaux-frères et belles-sœurs, sont souvent formées avant qu'une année se soit écoulée depuis la dissolution du premier mariage.

Tout en maintenant comme règle générale, l'usage adopté par mes prédécesseurs, de n'accorder les dispenses qu'après l'expiration de l'année de veuvage, j'ai reconnu néanmoins que des intérêts graves et légitimes pourraient se trouver quelquefois compromis si l'on suspendait jusqu'à cette époque l'instruction et l'examen des demandes.

En conséquence, vos substituts devront, à l'avenir, instruire les demandes en dispenses aussitôt qu'elles leur seront remises par les parties et m'adresser ensuite le dossier par votre intermédiaire, sans attendre que l'année de veuvage soit révolue. Mais en me transmettant chaque dossier avec votre avis motivé sur le merite de la demande, vous aurez soin de me faire connaître si vous pensez que la décision doive être ajournée jusqu'à l'expiration de l'annnée de veuvage, ou s'il existe des circonstances véritablement impérieuses qui, après une vérification scrupuleuse, vous paraîtraient de nature à nécessiter la concession immédiate des dispenses.

Ce mode de procéder, qui concilie les convenances avec l'intérêt des parties, aura l'avantage de ne faire éprouver aucun retard à l'instruction des demandes de sorte qu'à l'expiration de l'année de veuvage vous n'aurez plus qu'à rechercher et à me faire connaître si les pétitionnaires sont toujours dignes, par leur conduite, de la faveur par eux sollicitée.

Voir circulaire du 4 mars 1831 (n° 17.)

Voir circulaire du 11 septembre 1843 (n° 21.)

22 octobre 1848

Monsieur le Procureur Général,

Les demandes de dispenses d'âge, de parenté ou d'alliance à l'effet de contracter mariage deviennent très fréquentes. Toutes, à de rares exceptions près, sont appuyées par les magistrats : ce qui me fait craindre qu'on ne se pénètre pas assez de l'importance des affaires de ce genre, et que, par suite, il ne se soit introduit un fâcheux relâchement dans l'instruction qui en prépare la solution.

Cependant il importe de ne jamais oublier que si la loi a permis de lever quelques-unes des prohibitions qui s'opposent au mariage, elle a expressément restreint l'exercice de cette faculté au cas où des causes graves rendent nécessaire une pareille dérogation au droit commun. Ces causes, il est vrai, ne sont pas définies, elles peuvent être de divers genres. De là il résulte une grande latitude d'appréciation, et par cela même, l'impérieux devoir de se livrer à l'examen approfondi de chaque demande avant d'émettre un avis sur son objet. Je ne saurais trop recommander cet examen aux Procureurs de la République d'abord, aux Procureurs Généraux ensuite. Les uns et les autres doivent se livrer à de complètes investigations avant de me faire parvenir leurs rapports, dans lesquels je dois trouver tous les éléments de ma détermination.

Afin de faciliter ce travail, je vais rappeler les principales considérations qui peuvent porter soit à ajourner ou à rejeter les demandes, soit à les accueillir.

Quand l'une des parties a été précédemment mariée, les convenances exigent qu'on ne statue qu'après l'expiration d'une année au moins de veuvage.

L'inconduite des parties ou de l'une d'elles doit être ordinairement un motif de rejet. La morale aurait trop à souffrir si la possibilité d'obtenir une dispense devenait une sorte d'excitation à des relations illégitimes. En pareil cas, l'appréciation des magistrats devient très délicate ; si, d'un côté, il faut se montrer justement sévère contre le vice et la débauche, on ne peut, d'un autre côté, méconnaître que certaines fautes sont atténuées par les circonstances, et que, dans l'intérêt public, comme dans l'intérêt des familles, il convient souvent d'en faciliter la réparation. D'autres fois on peut sentir la nécessité de faire cesser un scandale dont la prolongation serait un déplorable exemple. Enfin, il faut, quand les faits le permettent, prendre en considération le sort des enfants nés ou à naître, lesquels si l'union de leurs parents n'était pas autorisée, se trouveraient sans famille et souvent sans appui. C'est dans de pareilles affaires, surtout, que je réclame le concours éclairé des magistrats; les renseignements recueillis par eux avec tout le soin que j'ai le droit d'attendre de leur zèle peuvent seuls me mettre à même d'éviter une concession ou un rejet dont les bonnes mœurs auraient à souffrir.

Si la conduite, la bonne réputation des parties doivent constituer l'un des principaux éléments de la décision à prendre, il n'est pas moins nécessaire de rechercher si leur consentement a été entièrement libre. La certitude, à cet égard, est très désirable, principalement quand il s'agit de mineurs dont la volonté n'est pas toujours suffisamment arrêtée et dont l'inexpérience peut être facilement influencée par les personnes qui les entourent.

La grande différence d'âge, particulièrement quand la femme est plus âgée, doit le plus souvent s'opposer à la dispense. Il est rare, en effet, qu'une union disproportionnée assure le bonheur de ceux qui la contractent.

Parmi les causes propres à appuyer les demandes, je citerai en première ligne l'intérêt de jeunes enfants qui doivent obtenir d'un oncle et d'une tante la protection et les soins dont ils ont été privés par le décès de leur père ou de leur mère.

L'attachement réciproque des parties est souvent invoqué et mérite une sérieuse attention; mais évidemment ce motif seul n'est pas suffisant pour autoriser une exception à la règle ; il faut, en outre, que l'union projetée doive faciliter des arrangements de famille tendant soit à prévenir des procès ou des partages onéreux, soit à conserver l'exploitation d'un établissement rural industriel ou commercial, soit à procurer à l'une des parties ou à sa famille une position ou une assistance qu'autrement on ne pourrait obtenir; ces causes de dispenses n'ont de valeur qu'autant qu'on s'est assuré de leur réalité. Les magistrats doivent donc les vérifier avec soin, sans se fier aux simples assertions des parties.

Après ces observations générales, qui s'appliquent indistinctement à toutes les dispenses, je dois appeler votre attention sur les règles particulières à chacune d'elles.

Les dispenses à l'effet d'autoriser le mariage avant dix-huit ans pour les hommes et avant quinze ans pour les femmes, doivent être difficilement accordées. Les limites posées par la loi sont d'accord avec celles de la nature, et il convient d'autant moins de s'en écarter, qu'il ne s'agit pas d'accorder un droit, mais seulement d'en hâter l'exercice. Il ne faut donc, en général, donner suite à de pareilles demandes que dans des cas véritablement exceptionnels, notamment quand l'honneur d'une famille exige une prompte réparation.

Les dispenses de parenté présentent des inconvénients d'un autre genre. Les relations ordinaires entre oncle et nièce, entre tante et neveu, se rapprochent beaucoup de celles qui existent entre les pères et mères et leurs enfants, et disposent peu au sentiment sur lequel doit être fondée la bonne harmonie dans le mariage. Il importe donc de ne pas autoriser facilement de pareilles unions auxquelles, d'ailleurs, s'oppose souvent la disproportion d'âge.

Les demandes de dispenses d'alliance sont les plus nombreuses et se présentent, en général, sous des rapports plus favorables. Il s'agit d'un obstacle qui ne résulte ni de la nature ni de la parenté et que par cela même on peut lever avec moins de scrupules. Cependant ces demandes ne doivent pas être admises légèrement. Une grande familiarité s'établit souvent entre beaux-frères et belles-sœurs ; elle pourrait entraîner à des excès funestes si l'on comptait sur la possibilité d'un mariage plus ou moins éloigné. Il est indispensable d'étouffer d'aussi coupables espérances, en se montrant toujours rigoureux pour l'obtention des dispenses, et inflexible quand on a des raisons de croire qu'il y a eu entre les parties un commerce illégitime pendant la durée du premier mariage.

Je suis loin, Monsieur le Procureur général,

d'avoir énuméré toutes les causes qui, soit isolément, soit par leur combinaison, doivent faire rejeter ou accueillir les demandes de dispenses. J'ai voulu seulement vous rappeler dans quel esprit ces demandes doivent être examinées. Je suis persuadé que, désormais, ni vous ni vos substituts ne négligerez aucun soin pour m'éclairer complètement sur une détermination bien importante, puisqu'il s'agit de constituer de nouvelles familles ou d'interdire des alliances qui ne présenteraient aucune chance de bonheur ou pourraient blesser les justes susceptibilités de l'opinion publique.

Vous savez que la loi autorise le gouvernement à faire remise totale ou partielle des droits attachés à l'obtention des dispenses. Vous devez donc, dans tous les cas, vous assurer de la position de fortune des parties et m'en rendre compte, en y joignant votre avis, afin que, d'une part, les familles honnêtes mais pauvres, ne soient jamais privées par ce seul motif d'une concession à laquelle elles pourront prétendre, et que, d'autre part, on assure la rentrée au Trésor public des sommes dues par les familles en état de les acquitter.

---

11 Novembre 1875

Monsieur le Procureur Général,

Les demandes de dispenses d'âge, de parent et d'alliance donnent lieu dans les parquets à un travail important qui ne s'accomplit pas dans les conditions d'uniformité désirables, soit que les prescriptions déjà anciennes de la Chancellerie aient été perdues de vue, soit que leur interprétation ait varié suivant les magistrats chargés de les appliquer.

Il me paraît, dès lors, utile de vous les retracer dans des instructions générales, afin que, bien précisées dans leur sens et leur portée, elles soient exécutées de même partout, et concourent ainsi à faire expédier plus promptement des affaires qui touchent à des intérêts si graves et quelquefois si urgents.

Dispenses d'âge

Les dispenses d'âge ont pour objet de protéger l'honneur compromis ou menacé des familles.

Elles ne doivent généralement être accordées à l'homme qu'après dis-sept ans accomlis et à la femme qu'après quatorze ans évolus; cette règle n'est pas absolue, mais ne pourrait y déroger que dans des circonsances très rares et pour des causes exceptionnelles.

Cette dispense est le plus souvent réclamée ans l'intérêt de la jeune femme; aussi, lorsue la future épouse est plus âgée que celui 'elle désire épouser, on craint qu'elle n'ait usé de l'influence que son âge lui donnait la demande est difficilement accueillie.

Dispenses de parenté

Les dispenses de parenté, bien plus que les ispenses d'alliance, doivent être motivées ur des causes graves, car indépendamment es liens du sang qui unissent les parties et ui, d'après les données de la science, peuent être une cause de dégradation, il existe e plus souvent entre l'oncle et la nièce, la ante et le neveu, une assez grande différence 'âge; enfin, la parenté suppose des sentients de protection et d'autorité, d'une part, e déférence et de respect de l'autre, qui 'accordent mal avec l'affectueuse égalité qui doit régner entre les époux.

Je crois devoir vous rappeler, Monsieur le rocureur Général, qu'aux termes d'une déci-

sion prise en Conseil d'Etat par l'Empereur, le 7 mai 1808, la prohibition portée par l'article 163 du Code civil, s'étend au mariage entre le grand-oncle et la petite-nièce, et par voie de conséquence, au mariage entre la grand'tante et le petit-neveu. Je vous ferai remarquer encore que les dispositions de l'article 163, à la différence de celles de l'article 162, ne s'étendent pas aux liens d'une parenté naturelle, enfin que le mariage d'un oncle ou d'une tante ne crée aucun lien de parenté entre son conjoint et ses neveux.

Dispenses d'alliance

Pour les dispenses d'alliance, la cause la plus grave qui puisse être invoquée est la situation des enfants d'un premier lit, auxquels il importe d'assurer la protection d'un oncle qui deviendra pour eux un second père, les soins d'une tante qui leur servira de mère.

Les autres motifs qui peuvent être invoqués sont : l'amélioration de position constituée par le mariage en faveur de l'un des futurs; l'assistance assurée aux ascendants ; les intérêts d'une exploitation agricole, industrielle ou commerciale ; une indivision avantageuse maintenue; des liquidations, des partages, des procès même évités ou terminés.

Relations incestueuses.
Enfants nés ou à naître de ces relations

Dans les demandes de dispenses de toute nature, l'union projetée a trop souvent pour objet de donner une situation régulière à des enfants nés ou à naître de relations illégitimes des futurs. S'il importe de se montrer rigoureux contre le vice et la débauche, les circonstances de la faute peuvent néanmoins en atténuer la gravité et parfois l'indulgence est imposée par l'intérêt d'enfants qui se trouveraient sans famille si le mariage subséquent de leurs père et mère ne venaient leur assurer, conformément à la jurisprudence de la Cour de Cassation, le bénéfice de la légitimation. (Arrêts du 22 janvier 1867.)

Séparation

Il faut toutefois éviter que l'inconduite ne paraisse être un titre à la faveur, et à moins que des motifs sérieux y mettent obstacle, les futurs doivent se séparer pour donner satisfaction à la morale publique.

Mais il n'appartient qu'à moi seul de prescrire cette mesure et ces conditions.

Les magistrats peuvent conseiller la séparation au cours de l'instruction, mais ils ne peuvent jamais l'imposer de leur propre autorité ; et ils ont toujours à se garder d'en prendre motif pour retarder l'envoi du dossier à la chancellerie. J'insiste sur ces prescriptions qui n'ont été que trop souvent oubliées. Quand je croirai devoir exiger une séparation, je vous recommande de veiller avec le plus grand soin à ce que je sois informé sans le moindre retard de cette séparation aussitôt qu'elle sera effectuée, ou dès que le délai que j'aurai fixé sera accompli.

Adultère

Les relations qui se sont établies du vivant du conjoint décédé sont une cause absolue de rejet, même lorsqu'il existe un enfant adultérin, auquel la loi refuse d'ailleurs le bénéfice de la reconnaissance et de la légitimation. (Articles 331 et 335 du Code civil.)

Les magistrats devront surtout s'attacher à m'édifier sur ce point capital, et je n'ai pas besoin de vous faire remarquer, Monsieur le Procureur général, que, si la recherche de la paternité est interdite judiciairement, rien ne s'oppose à ce que la position des parties soit établie par tous les moyens extra-judiciaires pour être ensuite portée confidentiellement à ma connaissance.

Délai de convenance

L'article 228 du Code civil défend à la femme de contracter un nouveau mariage moins de dix mois après la dissolution du mariage précédent. Aucun délai n'est imposé à l'homme ; mais la jurisprudence de la chancellerie, basée sur des raisons de convenance, n'admet pas que des dispenses puissent être accordées avant l'expiration d'une année de veuvage.

Cette règle ne doit toutefois être appliquée, en matière d'alliance, qu'autant qu'il s'agit de la dissolution de l'union qui a produit l'alliance.

Lors même que la règle est applicable, une dérogation est permise lorsqu'on invoque certaines considérations importantes et, notamment, l'intérêt de jeunes enfants dont l'âge ou l'état réclame impérieusement une protection, des soins affectueux, dévoués et intelligents ; aussi, bien que l'année de deuil ne soit pas accomplie, tout dossier dont l'instruction est terminée devra m'être transmis avec des renseignements qui me permettront de décider s'il y a lieu de maintenir le délai de convenance.

Différence d'Age

Une union disproportionnée présente peu

de garanties pour l'avenir ; une grande différence d'âge entre les futurs, surtout quand c'est la femme qui est plus âgée, constitue généralement une raison de refuser les dispenses.

Mais la règle n'est pas absolue à ce point qu'elle ne puisse recevoir des exceptions déterminées par des motifs sérieux, tels qu'ils sont indiqués plus haut, quelquefois même par les usages et les habitudes d'un pays, l'importance et la portée de ces considérations sont laissées à l'appréciation des magistrats.

Moralité des futurs
Liberté de consentement
Opinion publique

La conduite et la moralité des parties, la connaissance qu'elles ont réciproquement de leur situation, le consentement libre et dénué de toute influence étrangère qu'elles donnent à l'union projetée, les dispositions de l'opinion publique réclament leur mariage comme un moyen de faire cesser leurs relations illicites sont des éléments essentiels de la décision.

Je ne saurais trop engager les magistrats à les recueillir et à les contrôler avec le plus grand soin.

Consentement des parents

Le consentement des parents des futurs est une des conditions légales pour la validité du mariage.

Il importe que je ne sois pas exposé à provoquer du chef du gouvernement des dispenses qui n'auraient pas d'application possible, si le mariage qui en est l'objet ne pouvait s'accomplir.

Les magistrats devront donc s'assurer du consentement donné à l'union projetée par les père et mère ou ascendants des futurs, le conseil de famille quand il doit intervenir, le tuteur ad hoc dans le cas de l'article 159 du Code civil.

Distinction à établir suivant l'âge des futurs

Mais une distinction doit être établie suivant que, d'après l'âge des futurs, le consentement exigé par la loi est ou n'est pas une des conditions indispensables pour la célébration du mariage.

Si le défaut de consentement constitue un empêchement absolu au mariage (art. 148 du Code civil), ce consentement doit être exigé. Son absence rend le mariage et par conséquent les dispenses impossibles.

Si, au contraire, le refus de consentement ne constitue au mariage qu'un obstacle qui peut être levé au moyen d'actes respectueux (art. 151, 152 et 153 du code civil), il n'est plus qu'une considération généralement défavorable, mais soumise de la part des magistrats à un examen dont ils ont seulement à me rendre compte, et ce refus ne doit pas arrêter l'instruction.

Inutilité d'actes spéciaux de consentement Pièces à produire. — Dispenses d'âge

Dans tous les cas, il suffit que le consentement soit consigné sur la demande même de dispenses.

Les pièces à exiger des intéressés sont :

Pour les dispenses d'âge, une demande signée des futurs, portant le consentement spécialement donné à la demande par les parents du requérant mineur, et l'acte de naissance de chacun des pétitionnaires.

Dispenses de parenté

Pour les dispenses de parenté, une demande signée des futurs, leurs actes de naissance, l'acte de mariage des auteurs communs, ou les actes de mariage d'un auteur commun (suivant qu'il s'agit de parenté germaine, consanguine ou utérine), l'acte de mariage des parents de l'un des futurs conjoints qui établit l'état légitime d'oncle et nièce, ou de tante et neveu.

Dispenses d'alliance

Pour les dispenses d'alliance, demande, actes de naissance des deux futurs, acte de mariage constitutif de l'alliance, acte de décès du conjoint décédé.

Militaires

Lorsque le futur appartient aux armées de terre ou de mer, il doit justifier du consentement de ses chefs, qui est indispensable pour que l'officier de l'état civil puisse procéder au mariage. (Décret du 16 juin 1808.)

Etrangers

Si l'un des futurs est d'une nationalité étrangère, ou si les deux futurs sont étrangers le magistrat instructeur doit exiger les dispenses délivrées par le gouvernement étranger, ou la preuve que les lois du pays d'origine des futurs ou de l'un d'eux ne défendent pas le mariage projeté.

Distinction à établir

La règle est absolue lorsqu'il s'agit du

mariage d'une Française avec un étranger, la loi française doit, en effet, protéger les femmes d'origine française contre l'application d'une loi étrangère qui, dans le pays d'origine du futur mari, ferait une concubine d'une femme à laquelle, en France, notre législation assurerait la qualité de femme légitime.

Dans le cas, au contraire, où il s'agit d'une femme étrangère qui aspire à devenir Française par le mariage, si une difficulté naissait soit de la différence des législations, soit du refus des dispenses du gouvernement étranger, cette situation ne constituerait pas une raison absolue de suspendre toute instruction; le magistrat instructeur devrait en référer, par votre intermédiaire, à mon appréciation.

Alsaciens et Lorrains

Il en est de même pour nos anciens compatriotes originaires d'Alsace ou de Lorraine qui ont perdu, faute d'option faite régulièrement ou en temps utile, la nationalité française.

Droits de Sceau

La question des droits de sceau touche à la fois aux intérêts du Trésor public et à ceux des parties. Je la recommande à votre attention, car si, d'une part, les intérêts du Trésor doivent être sauvegardés, d'autre part, il faut prendre en considération la position de fortune des postulants pour modérer les droits ou en accorder même la remise totale.

Vous voudrez bien veiller à ce que des renseignements soient pris avec le plus grand soin sur les ressources que les parties peuvent retirer de valeurs mobilières, du produit de leurs propriétés, de leur industrie, de leur travail, sur celles qui leur sont assurées par leurs familles ou qu'elles peuvent en attendre sur les charges qu'elles ont à supporter.

Vos rapports et ceux de vos substituts devront toujours indiquer si la totalité des droits qui s'élèvent à 300 francs plus 25 centimes pour le timbre de la quittance, paraît devoir être laissée à la charge des postulants, ou s'il y a lieu d'accorder la remise entière ou une réduction partielle de ces droits. Dans ce dernier cas, la quotité de la remise à accorder doit toujours être fixée par dixièmes ou vingtièmes.

Certificats d'indigence

La loi du 10 décembre 1850 assure le bénéfice de la gratuité aux personnes qui justifient d'un certificat d'indigence. Son effet ne se borne pas au droit de sceau, la loi prescrit de délivrer aux porteurs desdits certificats tous les actes sur papier libre et sans frais; aussi, chaque fois que des demandeurs sont présumés indigents, il importe, pour leur épargner des frais inutiles, que tout d'abord, et avant la réunion des pièces du dossier, il soit procédé à un examen sérieux de leur position et de leurs ressources.

Les certificats d'indigence sont délivrés, sur le certificat du percepteur, à toute personne qui ne paie pas 10 francs de contributions, par le commissaire de police, ou par le maire des communes à défaut du commissaire de police ; en outre, pour éviter les abus qui sont surtout à craindre dans les villes, ou la fortune mobilière est plus répandue, la loi exige le visa du juge de paix et la mention par ce magistrat que l'indigence est à sa connaissance personnelle.

J'appelle votre attention sur la délivrance de ces certificats dont la présence dans un dossier affranchit le demandeur de toute espèce de charges pécuniaires, et je désire que vous donniez à vos substituts les instructions nécessaires pour qu'ils fassent annuler, dès le début de l'instruction, les certificats d'indigence, lorsqu'il leur sera démontré que les individus auxquels ils ont été délivrés, bien qu'ils ne figurent pas sur les rôles des contributions ou qu'ils y soient portés pour une somme inférieure à 10 francs, ont néanmoins des ressources assurées qui leur permettent de payer la totalité ou une partie des droits.

Observations générales

Je vous recommande, M. le Procureur général, d'insister auprès de vos substituts pour qu'ils s'abstiennent d'exiger des parties la production de pièces complètement inutiles, telles que : actes de décès des ascendants des futurs, actes de naissance et de décès de leurs enfants, (mais en leur faisant remarquer sur ce point que, s'il y avait eu reconnaissance d'enfants nés incestueux, cette reconnaissance illégale devrait m'être signalée, afin que je puisse, dans le cas où les dispenses seraient refusées, prescrire des poursuites pour son annulation), extraits des rôles des contributions (si ce n'est dans le cas d'indigence légalement constatée), certificats de bonnes vie et mœurs délivrés par les maires et trop souvent contredits par les faits, extrait du casier judiciaire, etc., etc.

La réunion de ces pièces qui s'élèvent

parfois à un nombre considérable, a pour résultat de ralentir l'instruction des affaires, de retarder la délivrance des dispenses et d'entraîner pour les parties des frais relativement élevés.

MM. les Procureurs de la République chargés de l'instruction ne doivent pas perdre de vue que les dispenses ont pour objet la levée d'une prohibition légale et, par conséquent, la possibilité du mariage, non sa célébration; que les seules pièces indispensables sont celles qui constatent l'âge, la parenté, l'alliance des demandeurs; que, pour l'irrégularité ou le manque de concordance des actes de l'état-civil, l'avis du Conseil d'Etat du 30 mars 1808 rend inutiles, au point de vue du mariage, des rectifications judiciaires; que les magistrats doivent m'éclairer, par leurs rapports, sur la mesure à provoquer du chef du gouvernement; qu'ils ont à se renseigner par eux-mêmes, et non au moyen de pièces produites par les futurs, auprès des autorités locales judiciaires, religieuses, municipales et administratives (Juges de paix, maires, curés, receveurs des Contributions, etc); que l'instruction de ces affaires délicates leur est confiée sous leur responsabilité personnelle, et que leur avis, contrôlé par vous, sert de base à mes décisions sans qu'il soit nécessaire pour eux de produire la justification matérielle des éléments de leurs propositions.

24 Février 1847

Monsieur le Président :

Un arrangement convenu en 1843, sous la condition de la réciprocité, entre le gouvernement Français et celui des deux Siciles, donne aux consuls du roi de ce dernier état la faculté d'assister aux actes d'apposition et de levée et à la confection de l'inventaire qui seraient la suite du décès en France des sujets de son gouvernement. Ils doivent, à cet effet, être avertis par l'autorité locale, du jour et de l'heure où les opérations auront lieu. Les effets mobiliers du défunt doivent en outre leur être remis dès que les droits des créanciers existant dans le pays ont été satisfaits.

Cet arrangement s'exécute dans le royaume des deux Siciles pour les Français ; la condition de réciprocité veut qu'il en soit de même en France pour les nationaux des deux Siciles. M. le Garde des Sceaux me permet de vous donner connaissance des dispositions ainsi arêtées.

19 Juin 1847

Monsieur le Procureur Général,

L'article 23 du traité conclu, le 25 mars 1843, entre sa Majesté le roi des Français et le Président de la République de Vénézuela, (traité publié dans le Bulletin des lois, conformément à l'ordonnance royale du 29 juin 1844, 2e semestre 1844, page 41), détermine nettement quelles attributions peuvent être reconnues en France, en matière de succcession aux agents consulaires.

Mon collègue, au département des affaires étrangères, m'ayant fait connaître qu'il interprétait dans le sens de cet article les dispositions contenues aux articles 4 du traité conclu avec le Brésil le 8 janvier 1826, et 1er du traité additionnel signé le 7 juin de la même année (2e semestre de 1826, pages 217 et 226), je vous prie de vouloir bien veiller à ce que cette interprétation soit suivie dans l'étendue de votre ressort et de donner, à cet effet, les instructions nécessaires.

Je n'ai pas besoin de vous faire remarquer que les enfants nés en France de parents Brésiliens conservent la nationalité de ceux-ci tant qu'ils n'ont pas acquis la qualité de Français, soit en vertu de l'article 9 du code civil, soit en vertu des lois qui régissent la naturalisation des étrangers en France.

(Voir circulaire du 14 juin 1869, (N° 40).

26 juillet 1848

Les certificats qui doivent être remis aux ministres des cultes, conformément à l'article 54 de la loi du 18 germinal an X, pour justifier de l'accomplissement des formalités du mariage civil et les autoriser à procéder au mariage religieux, sont assujettis au timbre de 25 centimes, (1) (art. 12 de la loi du 13 Brumaire an VII, et décret du 9 décembre 1810).

(1) Aujourd'hui 60 centimes.

21 Août 1849

Monsieur le Procureur de la République,

Les étrangers résidant sur le territoire de la République ont souvent recours aux chefs du Parquet pour réclamer l'intervention du ministère des affaires étrangères à l'occasion de leurs intérêts privés, notamment à l'effet d'obtenir l'envoi de la régularisation des actes de leur état civil.

M. le ministre des affaires étrangères ayant reconnu que son département ne pouvait plus s'occuper des demandes de ce genre, et que les étrangers devaient s'adresser directement aux agents qui représentent en France le gouvernement de la nation à laquelle ils appartiennent, je vous prie de faire connaître aux étrangers qui s'adresseront à vous, la marche qu'ils doivent suivre.

23 Mars 1849

Le mariage n'est pas prohibé entre le beau-frère et la veuve du frère de sa femme décédée.

(Lettre ministérielle.)

11 Octobre 1849

Circulaire relative à l'apposition des scellés par les consuls du royaume des deux Siciles. (Circulaire modifiée en 1862, le 31 décembre et le 14 juin 1869).

18 Juillet 1849

Les étrangers qui désirent obtenir l'envoi ou la régularisation des actes de leur état civil doivent s'adresser directement aux agents qui représentent en France leur nation. Le ministère des affaires étrangères ne s'occupera plus des demandes de ce genre.

21 Juin 1851

Lorsque l'officier de l'état civil refuse de célébrer le mariage d'un étranger avec une française, quand il n'est pas justifié qu'il était apte à contracter mariage en France, la question doit être déférée aux tribunaux. (Lettre ministérielle).

29 Mars 1851

Monsieur le Procureur Général,

La loi du 10 décembre 1850 a établi le principe de l'assistance publique en ce qui concerne le mariage des indigents, la légitimation de leurs enfants naturels, et le retrait de ces enfants déposés dans les hospices.

Depuis longtemps des sociétés charitables s'étaient chargées de l'œuvre de bienfaisance que la loi vient d'organiser. Ces sociétés, sans autre autorité que celle qu'elles puisaient dans leur zèle ont vu très souvent leurs soins couronnés de succès, malgré de nombreuses difficultés et des frais quelquefois considérables. Maintenant elles seront les utiles auxiliaires de l'autorité publique, soit comme elles l'ont fait jusqu'ici, pour la réparation des torts d'une union illégitime; soit pour lever tout obstacle au mariage des indigents qui, sans avoir de fautes à se reprocher, désireraient sérieusement entrer dans la vie de famille.

Mais ces sociétés ne sont établies que dans les grands centres de population, et leur concours est purement volontaire.

Il fallait donc, indépendamment de ce concours, assurer partout et toujours le bienfait de la nouvelle loi à ceux qui sont appelés à en profiter.

Tel est le but des dispositions sur lesquelles je viens appeler votre sérieuse attention. Ces dispositions trouvent un excellent commentaire dans le rapport qui a servi de base à la discussion législative.

L'article 1er de la loi charge l'officier de l'état civil de la commune dans laquelle les parties auront déclaré vouloir se marier, du soin de réclamer et de réunir les pièces nécessaires au mariage.

Ce fonctionnaire devra exiger d'abord que les réclamants justifient régulièrement de leur indigence. Ces règles tracées à cet égard par l'art. 6 sont simples et d'une exécution facile. Le certificat d'indigence sera délivré par le commissaire de police, dans les endroits où il en existe un ; par le maire, dans les communes où il n'existe pas de commissaire de police. Il sera visé et approuvé par le juge de paix du canton, et il sera fait mention dans le visa de l'extrait des rôles ou du certificat négatif du percepteur.

Avant de délivrer le certificat, le commissaire de police ou le maire de la commune se fera représenter un extrait du rôle des contributions constatant que les parties intéressées payent moins de dix francs, ou un certificat du percepteur de leur commune portant qu'elles ne sont pas imposées.

Ces pièces doivent être produites par ceux qui invoquent le bénéfice de la loi. L'officier de l'état civil peut, néanmoins, éclairer de ses conseils les parties intéressées, et faire, dans leur intérêt, les démarches qui lui paraîtront utiles pour faciliter la constatation de leur indigence.

Il réunira ensuite les documents nécessaires au mariage. Les termes généraux dans lesquels l'article 1er est conçu ne permettent de faire aucune distinction. Il y aura donc lieu de réclamer, soit en France soit à l'étranger, non seulement les pièces relatives à la célébration même du mariage, mais encore les actes indispensables pour lever les obstacles qui s'opposeraient à l'union des parties. Les demandes en dispenses d'âge, de parenté ou d'alliance seront instruites de cette manière.

La loi a confié à l'officier de l'état civil la protection des indigents; mais les moyens d'action de ce fonctionnaire sont très bornés, et il y avait lieu de craindre que son intervention ne demeurât souvent inefficace. Le 2e paragraphe de l'article 1er a eu pour objet de remédier à cet inconvénient, en conférant aux Procureurs de la République le droit de réclamer et de transmettre, sur la demande du maire, les expéditions des pièces nécessaires au mariage.

Les relations entre les maires et les officiers du ministère public sont ainsi précisées dans le rapport de la Commission : « Nous ne nous sommes pas dissimulés que plus d'une fois ces soins pourront être au-dessus des habitudes des maires des communes rurales et autres, et, pour atténuer cet inconvénient, nous avons admis une sorte de second degré, en étendant à la fois les attributions des procureurs de la République dans leurs rapports administratifs avec les maires et dans leurs rapports judiciaires avec les tribunaux ; tel est l'objet des articles 2 et 3.

Que le maire soit arrêté par une difficulté, aussitôt il consulte, il se décharge d'une correspondance trop épineuse ; le procureur de la République intervient et prend la place administrative du maire, si, toutefois, il ne lui suffit pas d'éclairer ce fonctionnaire sur la ligne de conduite qu'il doit suivre. »

L'article 2 autorise, en effet, les Procureurs de la République à agir d'office et à procéder à tous les actes d'instruction préalables à la célébration du mariage.

Dans ces diverses circonstances, l'intervention du ministère public n'est à proprement parler, qu'accessoire et facultative. Elle est indispensable dès qu'il devient nécessaire de recourir à une décision judiciaire ; l'article 3 porte, en effet, que « tous jugements de rectification ou d'inscription des actes de l'état civil, toutes les homologations d'acte de notoriété, et généralement tous actes judiciaires ou procédures nécessaires au mariage des indigents, seront poursuivis et excutés d'office par le ministère public. »

« Désormais, disait le rapporteur de la Commission (pour le fait du mariage seulement), le ministère public aura la charge de poursuivre les intérêts de l'indigent sans qu'il puisse y avoir lieu, dans aucun cas, à l'intervention des avoués. »

L'article 4 répète, en les complétant, les dispositions de l'article 8 de la loi du 3 juillet 1846, et fait remise, en ce qui concerne le mariage des indigents, de tous les droits perçus au profit du trésor public; il s'étend, aux dispenses d'âge, de parenté et d'alliance, dont la loi précitée ne faisait pas mention.

Les personnes qui ont régulièrement justifié de leur indigence ne sont donc pas astreintes au payement des droits de sceau et d'enregistrement.

Cette disposition ne fait que consacrer un usage déjà ancien.

Quand à la taxe des expéditions des actes de l'état civil nécessaires pour le mariage des indigents, l'article 5 a fixé un droit uniforme et aussi faible que possible. Le législateur a concilié ainsi l'intérêt des dépositaires des registres de l'état civil et celui des parties intéressées.

Le même article supprime les droits de recherche établis par l'article 14 de la loi du 21 ventôse an VII ainsi que les droits de légalisation perçus au ministère des affaires étrangères ou dans les chancelleries de France à l'étranger.

Nous avons examiné plus haut les principales dispositions de l'article 6. Il convient de remarquer cependant que cet article, en maintenant la forme des certificats d'indigence établis par l'ordonnance du 30 Septembre 1846, a substitué au contrôle des préfets celui des juges de paix.

Ces derniers, plus rapprochés des parties, peuvent vérifier facilement la sincérité des énonciations du certificat et fournir sur la position des réclamants des renseignements exacts. On ne peut donc attendre de leur intervention que des résultats utiles.

C'est à vous, Monsieur le Procureur général, qu'il appartient de fixer leur attention d'une manière spéciale sur les nouvelles obligations qui leur sont imposées.

L'article 7 prescrit de maintenir expressément, dans tous les actes, extraits, copies ou expéditions délivrés en vertu des dispositions précédentes, qu'ils sont destinés exclusivement au mariage des indigents qui les ont réclamés.

Tout autre usage entraînerait l'application des pénalités que la même disposition a édictées.

Aux termes de l'article 8, le certificat d'indigence est délivré en autant d'originaux qu'il y a de bureaux d'enregistrement où ce certificat doit être déposé.

Chaque receveur en fera mention dans le visa pour timbre et dans la relation de l'enregistrement.

Néanmoins, ce dépôt ne sera pas obligatoire lorsque le certificat d'indigence aura été remis au Procureur de la République et que ce magistrat attestera ce fait dans ses réquisitions.

Quand à l'extrait du rôle ou au certificat négatif du percepteur, cette pièce sera annexée à celles qui doivent être déposées pour la célébration du mariage.

L'article 9 porte que la loi est appliquable au mariage entre Français et étrangers. Il ne doit pas être étendu au delà de ses limites naturelles.

» Nous avons consacré par une disposition formelle, disait le rapporteur, l'application de la loi à l'étranger qui contractera mariage en France avec un Français ou une Française. »

Aux termes du même article, la loi est exécutoire aux Colonies.

Elle doit également recevoir son application en Algérie, car on ne peut douter que l'intention du législateur n'ait été d'en assurer le bienfait à toutes les possessions françaises.

Nous devons faire une dernière observation.

Le but de la loi est de faciliter le mariage des indigents et la légitimation de leurs enfants naturels.

Si elle autorise l'officier de l'état civil à réunir les pièces nécessaires au retrait de ces enfants déposés dans les hospices, c'est pour ne pas entraver la célébration du mariage par la difficulté de faire rentrer dans la famille l'enfant auquel les parents donnent un état par leur union.

Mais cette disposition ne s'applique point aux enfants légitimes; cela résulte et des termes mêmes de l'article 1er et de la discussion qui a eu lieu dans le sein de la Commission, et que le rapporteur a résumée en ces termes :

« La Commission n'a pas cru devoir admettre l'extention donnée à la gratuité des pièces à fournir pour le retrait des enfants légitimes qui auraient pu être déposés après le mariage dans les hospices ; il ne lui a point paru moral d'encourager en quelque sorte l'abandon de ces enfants, en offrant aux indigents une sorte de prime pour les retirer un peu plus tard. »

Cette loi est à la fois un acte de haute bienfaisance et une mesure de moralisation :

elle tend à assurer aux classes peu aisées de la société la constante et efficace protection des fonctionnaires publics. Les rapports nouveaux qui résulteront de cet état de choses sont de nature à exercer sur l'esprit de la population une salutaire et légitime influence.

Comme toutes les lois nouvelles, celle-ci rencontrera quelques difficultés dans son application. Je ne saurais trop appeler sur cette première expérience votre attention et votre sollicitude.

Dans l'accomplissement des devoirs que la loi confie, les officiers de l'état civil devront trouver auprès de MM. les Procureurs de la République un concours et des conseils toujours assurés.

Je vous prie également de recommander à vos substituts d'apporter, dans les procédures qu'ils sont chargés de suivre d'office, cette exactitude et cette activité qui sont plus que jamais un devoir lorsqu'il sagit de venir en aide aux indigents.

Vous voudrez bien m'accuser réception de cette circulaire, et faire parvenir à chacun des parquets de votre ressort un des exemplaires que je vous transmets.

---

16 Février 1855

A MM. les Procureurs Généraux,

Les mariages contractés en France, par des étrangers, ne sont valables dans quelques pays, qu'autant qu'ils ont été précédés de formalités spéciales et notamment de l'autorisation du gouvernement auquel ces étrangers sont soumis.

Afin de ne point exposer des Français aux graves inconvénients, qui pouvaient résulter pour eux de pareils mariages, une circulaire de l'un de mes prédécesseurs, en date du 4 Mars 1831, avait recommandé aux officiers de l'état civil d'exiger des étrangers qui voulaient se marier la justification de leur aptitude suivant leur statut personnel.

A défaut de cette justification, quelques officiers de l'état civil s'étant refusés à marier des étrangers, plusieurs tribunaux et, sur l'appel, les cours impériales ont fait cesser ce refus, en se fondant sur ce qu'en France on ne pouvait exiger que les formalités prescrites par la loi française.

Cette jurisprudence, fondée sur le Code

Napoléon, ne permettant plus d'invoquer la circulaire de 1831, plusieurs gouvernements étrangers et particulièrement les puissances allemandes voisines de nos frontières et les cantons suisses se plaignent de la facilité avec laquelle leurs nationaux contractent mariage en France sans leur autorisation.

Pour faire cesser, autant que possible, les plaintes de ce genre, il importe lorsqu'il s'agira du mariage, soit de deux étrangers notamment, de ceux qui sont originaires de la Suisse, de Bade, de la Bavière, de Wurtembert et de la Hesse, soit d'un de ces étrangers avec une Française, de rappeler aux futurs époux les dangers auxquels ils s'exposent en négligeant de se pourvoir de l'autorisation préalable des autorités dont ils dépendent.

Cette précaution est surtout indispensable à l'égard des Françaises qui perdraient leur nationalité en épousant des étrangers sans participer à la nationalité de ceux-ci et qui ne seraient considérées que comme concubines dans le pays de leurs maris.

Veuillez donc adresser sans retard, des instructions dans ce sens aux maires des diverses communes de votre ressort, et charger vos substituts de veiller à ce que ces fonctionnaires s'y conforment exactement.

31 Décembre 1862

A MM. les Procureurs Genéraux

La convention conclue le 26 juillet 1862 entre la France et le royaume d'Italie et promulguée le 24 septembre suivant (Bull. off. 1058, N° 10634, X 1e série. 2e semestre de 1862, p. 785) détermine, dans son article 9 les attributions conférées aux consuls respectifs, en ce qui concerne la liquidation de la succession de leur nationaux.

Pour que les dispositions de la convention prédatée reçoivent une complète exécution, et pour que nos consuls en Italie puissent, dans l'intérêt de nos nationaux, en réclamer l'effet, il importe que les consuls d'Italie soient assurés du concours efficace des autorités françaises.

Je vous prie, en conséquence, d'adresser des instructions à vos substituts dans le ressort desquels des consulats sont établis, pour que les consuls d'Itatie soient à l'avenir exactement informés des décès survenus parmi leur nationaux.

Les procureurs impériaux et leurs auxiliaires devront en même temps faire connaître aux consuls toutes les circonstances se rapportant personnellement aux décédés et leur fournir les renseignements que l'autorité judicaire peut posséder, tant sur leur situation de famille que sur l'état de leurs affaires ou de leur fortune.

Vous voudrez bien d'ailleurs leur prescrire de veiller à ce que les consuls d'Italie trouvent auprès des autorités de leur résidence toutes les facilités permises par la loi française pour l'accomplissement des actes et des opérations que le traité du 26 juillet leur a confiés.

13 Mars 1862

Le ministère des affaires étrangères ne se charge pas de procurer les pièces nécessaires à la célébration du mariage des étrangers indigents, alors même que ces pièces sont réclamées par le ministère public, en exécution de la loi du 10 décembre 1850. Les parties intéressées doivent s'adresser directement, pour les obtenir, aux agents diplomatiques représentant à Paris leur Gouvernement.

30 Août 1862

Le ministère des affaires étrangères refuse d'intervenir, soit pour réclamer les pièces nécessaires au mariage des étrangers, soit même simplement pour faire légaliser des actes qui ne sont pas revêtus de cette formalité. L'étranger doit donc s'adresser directement à la légation de son pays.

18 Mai 1863

Le futur étranger qui sollicite des dispences d'alliance doit produire, soit l'autorisation du gouvernement de son pays, soit la preuve que les mariages entre beau-frère et belle-sœur n'y sont pas prohibés.

14 Juin 1869

Monsieur le Procureur Général,

Monsieur le Ministre des affaires étrangères me fait connaître qu'il a reçu des plaintes au sujet de l'inexécution des Conventions conclues entre la France et les puissances étrangères, pour attribuer aux consuls respectifs le droit d'administrer et de liquider les successions de de leur nationaux.

Le plus souvent les consuls ne seraient pas prévenus du décès et ne pourraient, par suite, user du droit que leur confèrent les traités, de croiser de leurs scellés ceux qui sont apposés par les juges de Paix. Dans plusieurs circonstances même, il serait arrivé que les successions d'étrangers décédés en France ont été considérées comme vacantes et que les héritiers ont été obligés, pour rentrer en possession des biens de leur auteur, de supporter des frais et des lenteurs qui auraient pu être évités.

Nos conventions doivent être fidèlement observées. Il importe, d'ailleurs, que nos Consuls puissent exercer, sans conteste, au profit des héritiers des français décédés à l'étranger, les mêmes droits que ceux qui seront reconnus en France aux représentants des nations étrangères.

Je vous prie, en conséquence, de vouloir bien recommander aux juges de paix de votre ressort d'informer, aussitôt qu'ils en auront connaissance, les Consuls les plus rapprochés de leur résidence, du décès de leur nationaux, afin que, si cela est possible, les agents étrangers puissent prendre part à l'apposition des scellés ou que, tout au moins, ils soient avertis de l'ouverture de la succession, avant l'expiration des délais, pour faire inventaire et délibérer, aux termes desquels, d'après l'article 811 du code napoléon, s'il ne se présente aucun héritier, la succession est réputée vacante. Pour être mieux à même de remplir les obligations dont ils sont chargés en pareille circonstance, les juges de paix devront recommander aux maires des communes dans lesquelles des étrangers viendraient à décéder, de leur en donner avis, dans le plus bref délai possible.

23 Novembre 1869

Les dispenses pour mariage, entre personnes d'origine étrangère, ne sont accordées qu'autant que les impétrants ont fourni la preuve que leurs statuts personnels permettent le mariage ou qu'ils ont obtenu des dispenses de leur gouvernement.

11 Mai 1875

Aux termes de l'article 2 de l'ordonnance du 23 octobre 1833, nos agents diplomatiques et consulaires sont tenus d'adresser au ministère des affaires étrangères une expédition de tous les actes de l'état civil qu'ils reçoivent, afin que la transcription puisse en être opérée sur tous les registres de la commune d'attache des Français qu'ils concernent.

Je n'ai point à vous rappeler l'utilité qu'offre cette prescription, tant pour la sauvegarde des droits des intéressés qu'au point de vue spécial du recrutement. La loi du 27 juillet 1872, en décrétant que tout Français devra désormais le service militaire personnel, a donné à ces transmissions une importance plus sérieuse encore. Aussi a-t-il paru désirable que la transcription s'étendît, non-seulement aux actes reçus par nos agents, mais encore aux actes émanant des autorités étrangères.

Pour arriver à ce résultat, M. le ministre des affaires étrangères après entente préalable avec mon département et celui de l'intérieur, a bien voulu adresser à divers Etats les ouvertures relatives à la transmission réciproque et gratuite par la voie diplomatique d'extraits de ces actes dûment légalisés.

Une première convention, approuvée par décret du 17 février 1875, a été signée à Rome, entre la France et le Gouvernement Italien, le 13 janvier 1875. Elle a été publiée au Journal officiel du 23 février suivant, par les soins de M. le ministre des affaires étrangères et insérée au Bulletin des lois du 10 Mai 1875 N° 25. Des négociations sont actuellement ouvertes avec la Suisse et la Belgique. Elles aboutiront, nous pouvons l'espérer à des conventions de même nature, et nous devons, dès à présent, nous préoccuper des moyens d'en assurer l'exécution. Les mesures à prendre présentent principalement un certain caractère d'urgence en ce qui concerne l'Italie. Nos officiers de l'État civil devant, aux termes de la déclaration, nous mettre à même de communiquer au Gouvernement Italien, dès le mois de juillet les actes dressés à partir du 1er janvier 1875, dans l'intérêt des étrangers qui déclareront être de nationalité italienne.

Les envois périodiques des actes reçus dans les mairies de France faits tous les six mois, par l'intermédiaire des Sous-Préfets et Préfets, au Ministère de l'intérieur, qui les transmettra à son tour, au ministère des affaires étrangères. Le même mode de transmission sera employé à l'égard des actes venant de l'étranger.

Bien que la loi n'exige pas comme pour le mariage la transcription sur les registres de l'état civil français, les actes de naissances et de décès de Français reçus à l'étranger, plusieurs auteurs enseignent que cette transcription est une précaution utile et légale, et que le Maire qui est requis de l'opérer ne peut s'y refuser (sic : Rief, commentaire de la loi sur les actes de l'état civil, No 89, Grün, Nos 165 et 285 ; — Daloz. Répertoire v° acte de l'état civil, N° 358). Cette appréciation est d'ailleurs conforme aux instructions adressées par mes prédécesseurs dans les cas particuliers.

Je n'ai pu cependant me dissimuler que généralisées, ces instructions sont de nautre à soulever quelques critiques que leur valeur légale peut même être contestée ; et j'ai dû, dès lors, me demander s'il ne serait pas opportun et même nécessaire d'en assurer pour l'avenir l'exécution par une loi spéciale.

Après réflexion, il ne m'a pas paru qu'il fût indispensable, au moins quant à présent, de recourir à l'intervention du pouvoir législatif.

Les instructions qu'il s'agit d'adresser aux officiers de l'état civil, n'ont en effet, rien de contraire aux principes généraux sur la matière. Elles s'inspireront, au contraire, de l'esprit de la loi pour justifier de l'utilité des transcriptions qu'il s'agit de faire opérer.

Il importera surtout de rappeler aux maires que les communications stipulées sont réclamées dans un intérêt d'ordre public et administratif ; que la transcription des actes de naissance aura notamment pour effet de mettre en mesure d'appeler au service militaire les nombreux jeunes gens nés à l'étranger de parents français. J'ai, dès lors, peine à croire, en me plaçant à ce point de vue, que des instructions ministérielles soient de nature à présenter quelque difficulté dans leur application et que des officiers de l'état civil français prétendant exciper du silence de la loi, hésitent à nous prêter le concours que nous sommes en droit d'attendre de leur dévouement.

Les transcriptions devront être opérées aux lieux d'origine des Français que les actes concerneront, toutes les fois que les communes d'attache pourront nous être connues ou relevées.

Pour beaucoup, pour le plus grand nombre peut-être, il nous sera difficile de recueillir l'indication précise du lieu d'origine.

Dans ce cas, le gouvernement a pensé qu'il y avait lieu de rendre générales les mesures déjà adoptées, au point de vue de la loi du recrutement, et d'après lesquelles les Français nés en pays étrangers et dont les descendants sont nés hors de France, ou en France, dans un lieu inconnu, sont inscrits :

1° Ceux qui résident en Angleterre, Belgique, Suède et Norwège, Russie (sauf le littoral de la mer noire), Autriche, Hongrie (sauf le littoral de l'Adriatique) et en Allemagne à la mairie du 6me arrondissement de Paris ;

2° Ceux qui résident en Suisse à la mairie de Besançon (Doubs) ;

3° Ceux qui résident en Moldo-Valachie en Turquie, et généralement dans tous les pays d'Europe, d'Asie ou d'Afrique (à l'exception toutefois de l'Espagne) qui sont baignés soit par la Méditerranée soit par des mers adjacentes, à la mairie de Marseille ;

4° Ceux qui résident en Espagne, au Portugal, dans l'Amérique du Sud et sur les côtes occidentales et orientales de l'Afrique, à la mairie de Bordeaux ;

5° Enfin, à la mairie du Hâvre, ceux qui résident dans l'Amérique du Nord.

Alors même que l'échange réciproque des actes de l'état civil concernant les nationaux des deux pays n'a été stipulé jusqu'à ce jour qu'avec l'Italie, j'ai cru devoir, Monsieur le Procureur Général, vous rappeler ces dispositions, en prévision des conventions de même nature a intervenir avec d'autres puissances. L'insertion de ces conventions au *Journal Officiel* et au *Bulletin des lois* vous renseignera, en temps opportun, sur l'extension qu'il conviendra de donner aux mesures dont il s'agit.

8 Novembre 1875

Monsieur le Procureur Général,

Par une circulaire en date du 14 juin 1869, l'un de mes prédécesseurs a appelé l'attention des magistrats sur l'inexécution des conventions conclues entre la France et certaines puissances étrangères pour attribuer aux consuls respectifs le droit de liquider et administrer les successions de leur nationaux.

J'ai insisté moi-même, par une circulaire du 17 août 1872, sur la nécessité pour l'autorité française de se conformer strictement a ces conventions.

J'avais ainsi lieu d'espérer que les doléances exprimées à diverses reprises, par les membres du corps diplomatique étranger, ne se reproduiraient plus.

Il résulte néanmoins d'une communication récente de M. le Ministre des affaires étrangères que de nouvelles négligences lui auraient été signalées en ces matières, notamment en ce qui concerne l'application de la convention conclue le 11 décembre 1866 entre la France et l'Autriche.

Conformément au désir qui m'est exprimé par mon collègue, je vous prie de vouloir bien rappeler à MM. les juges de paix l'intérêt qui s'attache à ce que les consuls les plus rapprochés de leur résidence soient prévenus dans le plus bref délai, du décès de leurs nationaux.

Vous pourrez saisir cette occasion de faire connaître à ces magistrats qu'à la liste des traités précédemment conclus avec d'autres puissances, tellequelle résulte des circulaires rappelées ci-dessus, il convient d'ajouter la convention signée le 1er avril 1874, entre la France et la Russie, pour le réglement des successions laissées dans l'un des deux Etats par des nationaux de l'autre pays.

26 janvier 1876

Mon intervention a été appelée à différentes reprises, sur les difficultés auquelles donnent lieu les mariages que des sujets italiens demandent à contracter en France devant nos officiers de l'état civil.

Le code Italien, qui a emprunté à notre code civil beaucoup de ses dispositions, s'en est écarté sur des points spéciaux, et notamment en n'admettant pas la formalité des actes respectueux. Il a seulement réservé aux ascendants le droit de former opposition au mariage lorsque le fils majeur de vingt-cinq ans et la fille majeure de vingt-un ans ne sont plus tenus de justifier du consentement de leurs auteurs.

Il m'a paru qu'un sérieux intérêt s'attachait à ce que les Italiens ne puissent être admis à contracter mariage en France, sans qu'au préalable leurs ascendants eussent été avertis et mis à même d'user des moyens que leur propre législation leur offre pour former opposition à l'union projetée.

J'ai entretenu de cette pensée Monsieur le Ministre des affaires étrangères, qui a bien voulu en référer au gouvernement italien.

Nous avons reconnu que la loi italienne nous offre un seul moyen de garantir dans une certaine mesure les droits des ascendants : l'article 100 du code civil Italien prescrit aux sujets de ce royaume qui veulent se marier à l'étranger de faire procéder dans le lieu de leur dernier domicile en Italie, aux publications prescrites par les articles 70 et 71 du même code. Cette obligation subsiste, quel que soit l'âge des époux et quel que soit le temps depuis lequel ils ont pris résidence à l'étranger.

Nos officiers de l'état civil devront, avant de procéder au mariage exiger un certificat en due forme, constatant que cette obligation a été remplie ; ils s'assureront ainsi que par ce moyen les ascendants auront pu, dans beaucoup de cas, sinon toujours, être avertis.

Les consuls italiens faciliteront à leurs nationaux la délivrance et la production de ces certificats.

10 avril 1876

L'étranger qui veut contracter mariage en France n'est pas légalement tenu de présenter un certificat émané des autorités de son pays d'origine pour constater sa capacité d'après son statut personnel ; mais l'officier de l'état civil doit s'assurer avec le plus grand soin que cet étranger remplit toute les conditions légales et exiger la production de toutes les justifications prévues par la loi française.

(Lettre au Procureur Général de Nancy du 10 avril 1876 — *Bulletin officiel* de 1876, page 72.)

10 avril 1876

Lorsqu'un italien veut contracter mariage en France, l'officier de l'état civil français qui doit exiger la preuve des publications faites dans le pays d'origine (circulaire du 26 janvier 1876,) ne doit pas adresser des réquisitions directes aux autorités étrangères. Il doit se contenter de remettre aux sujet italiens la note des pièces nécessaires. C'est à ce dernier d'obtenir, par l'intermédiaire du consul de sa nation, les justifications dont il a besoin. (Lettre au Procureur de la République de Paris du 10 avril 1876).

NOTE. — Malgré cet avis, les consuls italiens ou les maires italiens, réclament une réquisition qui est adressée sous forme de note, soit directement, par la partie intéressée au maire étranger qui doit faire les publications, soit par le consul. Nous donnons d'ailleurs dans le formulaire le modèle de cette réquisition adoptée par les consuls italiens.

6 juillet 1876

Les actes nécessaires à l'exécution des commissions rogatoires émanant des gouvernements étrangers doivent être rédigés sur papier libre et enregistrés gratis, conformément à la décision du Ministre des finances, en date du 27 mars 1829.

Le trésor prend définitivement ces frais à sa charge, sauf à obtenir la réciprocité des gouvernements étrangers ; il doit en conséquence, conformément aux articles 41 et suivants du décret du 18 juin 1811, acquitter les droits réclamés par des officiers de l'État civil pour les expéditions fournies par eux, en exécution de commissions rogatoires.

DECISION. — Lettre au Procureur de la République de Vienne du 6 juillet 1876, — *Bulletin officiel* du ministère de la Justice 1876, page 125.

25 juillet 1876

La prohibition du mariage entre l'oncle et la nièce, la tante et le neveu, édictée par l'article 163 du code civil, s'étend au mariage du grand'oncle et de la petite nièce et de la grand'tante et du petit neveu.

Lettre du Garde des Sceaux au Procureur Général de Caen. Arrêt conforme — Cour d'appel de Caen du 16 août 1876.

1er août 1876

L'individu né en France d'un étranger né à l'étranger ne peut réclamer la qualité de français que dans l'année qui suit l'époque de sa majorité (article 9 du code civil).

Il ne peut dès lors être admis comme candidat aux concours pour l'Ecole politechnique qui ne sont ouverts qu'aux Français âgés de plus de 16 ans et moins de 20 ans, au 1er janvier de l'année du concours. Il ne peut bénéficier des dispositions de l'article 2 de la loi du 16 décembre 1874 qui s'applique seulement aux jeunes gens nés en France d'un étranger né lui-même en France.

(Lettre du Garde des Sceaux du 1er juillet 1876)

18 août 1876

La loi du 22 janvier 1851 sur l'assistance judiciaire n'est applicable aux étrangers résidant en France que dans le cas où une convention diplomatique, intervenue entre leur pays d'origine et la France, a stipulé la réciprocité en matière d'assistance judiciaire.

Aucune convention de cette nature n'est intervenue entre l'empire d'Allemagne et la France.

(Lettre au Procureur de la République de Limoux du 18 août 1876.)

22 août 1876

Le gouvernement français ne peut se charger de l'exécution d'une commission rogatoire provenant de l'étranger, lorsque les parties intéressées peuvent sans difficulté procéder elles-mêmes à leurs frais, sans l'intervention de la justice française, aux formalités requises par les tribunaux étrangers ; par exemple lorsque la commission rogatoire a pour objet la publication de documents judiciaires dans un journal français.

(Lettre au Ministre des affaires étrangères du 22 août 1876.)

17 novembre 1876

Un Suisse né en Savoie avant l'annexion, ayant servi depuis dans l'armée française est soumis à faire la déclaration de l'article 9 du code civil par l'application de la loi du 22 mars 1849, et à acquérir, par ce moyen, la qualité de français.

Le principe international, en vertu duquel les territoires cédés à une nation sont réputés lui avoir toujours appartenu confère par effet rétroactif, à l'étranger dont il s'agit, le même droit qu'à l'étranger né en France.

(Lettre du Garde des Sceaux au préfet de la Gironde du 17 novembre 1876.)

18 novembre 1876

L'individu né en France d'un étranger qui lui-même y est né, est français de plein droit dès le jour de sa naissance. La loi du 16 décembre 1874 n'a pas modifié sur ce point le principe de la loi du 7 février 1851. L'article 2 de cette dernière loi a eu pour but unique de permettre à ceux qui se trouvent dans cette situation de profiter de certains avantages dont ils se trouvaient exclus par l'application de l'article 9 § 2 de la loi du 27 juillet 1872, sur le recrutement de l'armée.

(Lettre du Garde des Sceaux au Ministre des affaires Etrangères du 18 novembre 1876.)

1er mars 1877

Mariage des sujets italiens résidant en France

La circulaire du 26 janvier 1876 a fait connaître aux officiers de l'état civil qu'ils devaient avant de procéder au mariage des sujets italiens résidant en France, exiger la production d'un certificat constatant que ces étrangers ont fait procéder, à leur dernier domicile de leurpays d'origine, aux publications prescrites par les articles 70 et 71 du code italien.

L'obligation de se conformer à ces instructions subsiste alors même qu'il serait justifié que les ascendants, résidant eux-mêmes en France, ont connaissance du projet de mariage et y donnent leur assentiment.

La nécessité des publications à faire en italie n'a pas seulement, en effet, pour objet de permettre aux ascendants d'user du droit d'opposition que la loi leur confère, elle est encore une garantie que les futurs se trouvent à tous les points de vue dans des conditions de capacité exigées pour contracter mariage.

La circulaire du 26 janvier 1876 n'a fait au surplus que consacrer dans un but spécial, l'exécution des prescriptions qui sont prévues par la loi italienne pour tous les cas et dont l'accomplissement peut seul assurer dans ce royaume, si les futurs y revenaient un jour, la validité du mariage contracté à l'étranger.

(Lettre du Procureur Général d'Aix du 1er mars 1877 — 2911 B.)

NOTE

Les étrangers qui n'ont pas été admis à fixer leur domicile en France ne peuvent réclamer le bénéfice de la loi du 22 janvier 1851, devant les tribunaux français, soit comme demandeurs, soit comme défendeurs, que dans le cas où une convention diplomatique intervenue entre leur pays d'origine et la France a stipulé la réciprocité en matière d'assistance judiciaire.

(Lettre du Garde des Sceaux avec M. le ministre des affaires étrangères. — Lettre du Garde des Sceaux aux Procureurs Généraux de Metz, du 11 mai 1855 ; de Grenoble, du 27 août 1856 et de Paris du 4 novembre 1857.)

Les états avec lesquels ont été conclus des conventions de cette nature sont les suivants :

Suisse. — Convention consulaire du 15 juin 1861 (art. 14) promulguée par décret du 19 octobre 1869 ;

Italie. — Convention du 19 février 1870, promulguée par décret du 7 mai 1870 ;

Bavière. — Convention du 11 mars 1870. promulguée par décret du 8 juin 1870 ;

Grand duché du Luxembourg. — Convention du 22 mars 1870, promulguée par décret du 7 mai 1870 ;

Belgique. — Convention du 22 mars 1870, promulguée par décret du 7 mai 1870.

Lorsqu'une convention spéciale a consacré le droit réciproque à l'assistance judiciaire pour les sujets des deux pays, les bureaux d'assistance français n'ont pas compétence pour accorder l'assistance judiciaire devant les tribunaux étrangers, ils doivent seulement *constater l'indigence* et transmettre les pièces au bureau d'assistance étranger, qui statue définitivement.

(Lettre du Garde des Sceaux au Procureur Général de Paris du 9 septembre 1873.)

Bulletin officiel de 1877 page 153.

18 juillet 1877

Mariages étrangers — Loi du 10 *décembre* 1850

La loi du 10 décembre 1850, sur le mariage des indigents, dont les dispositions ont été déclarées applicables aux mariages entre français et étrangers (art. 9), ne peut-être invoqué au cas ou les deux conjoints sont étrangers,

(Lettre au Procureur Général d'Amiens, du 18 juillet 1877.)

18 et 26 juillet 1877

Mariages étrangers — dispenses d'alliances

Les officiers de l'état civil peuvent et doivent même se refuser à procéder au mariage entre étrangers, beau-frère et belle-sœur, qui n'auraient pas obtenu des dispenses préalables du gouvernement.

(Lettre au Procureur Général d'Amiens du 18 juillet 1877 ; lettre au Procureur de la République à Cusset du 26 juillet 1877.)

9 août 1878

Bien que la loi du 10 décembre 1850 n'impose pas spécialement l'obligation du visa diplomatique pour les pièces nécessaires au mariage des indigents, en l'absence d'une convention diplomatique spéciale, il est indispensable que le certificat d'indigence délivré par les autorités étrangères soit revêtu de ce visa.

En effet, toute personne qui veut faire usage en France d'un acte passé à l'étranger, doit établir que cet acte est conforme aux lois du pays dans lequel il a été dressé, et que le signataire de l'acte avait qualité pour le délivrer; cette double preuve résulte de la légalisation donnée par l'agent diplomatique francais.

(Lettre au Procureur de la République à Versailles du 9 août 1878.)

3 septembre 1878

Les étrangers ne peuvent être admis a exercer en France aucunes fonctions publiques. En conséquence, les fonctions de préposé d'octroi, notamment, à raison des pouvoirs et des attributions qu'elles concèdent à leur titulaire, ne peuvent être confiées qu'à des français.

Un étranger, même admis à établir son domicile en France, ne peut-être nommé receveur d'octroi.

(Lettre du ministre des finances du 3 septembre 1878.)

16 septembre 1878

Les agents diplomatiques et les consuls ne peuvent procéder à un mariage à l'étranger, que si les deux futurs appartiennent l'un et l'autre à la nationalité française. Un arrêt de la cour de cassation, du 10 août 1819, décide que le mariage contracté entre un français et une étrangère devant un agent diplomatique, est nul comme ayant été reçu par un officier public incompétent.

Lettre au ministre des affaires étrangères du 16 septembre 1878.)

26 septembre 1878

Les sujets italiens qui se marient en France doivent justifier de publications faites au lieu de leur dernier domicile en italie. (Circulaire du 26 janvier 1876.)

Les certificats constatant les publications,

ne doivent pas être directement réclamés des officiers de l'état civil du royaume d'Italie. Les consuls italiens résidant en France ont reçu des instructions pour faciliter à leurs nationaux la délivrance et la production de ces certificats et c'est entre leurs mains que les demandes doivent être déposées.

(Lettre au Procureur de la République de Lille le 26 septembre 1878.)

7 décembre 1878

Les actes de naissance des enfants nés en France d'étrangers qui eux-mêmes y sont nés ne doivent pas être compris au nombre des actes dont les conventions conclues avec l'Italie, le Luxembourg et la Belgique stipulent la communication réciproque. Les enfants doivent, en effet, aux termes des lois du 7 février 1851 et 16 décembre 1874 être considérés comme étant français à partir de leur naissance. Toutefois la qualité de français n'est acquise à ces enfants que sous condition résolutoire. Ils peuvent aux termes de l'article 1er de la loi de 1851, réclamer la qualité d'étrangers dans l'année qui suit leur majorité; dans ce dernier cas, ils sont réputés avoir été toujours étrangers, et il y aurait lieu à communiquer au gouvernement étranger les actes de l'état civil qui les intéressent.

(Lettre du Garde des Sceaux au ministre des affaires étrangères du 7 décembre 1878.)

20 janvier 1879

Actes de l'état civil. — Echange entre les gouvernements étrangers et la France

Les maires ou autres fonctionnaires français ayant qualité pour cet objet peuvent dresser sur papier non timbré les expéditions d'actes de l'Etat Civil reçus en France et concernant des étrangers résidant sur le territoire français, lorsque ces expéditions sont délivrées non dans l'intérêt particulier des sujets étrangers mais pour être transmises à leurs gouvernements respectifs avec lesquels l'Etat français aurait conclu des conventions à cet effet dans un intérêt d'ordre public et sous la condition de réciprocité.

Les expéditions d'actes de même nature dressées à l'étranger et concernant des nationaux français peuvent être transcrites sur les registres de l'état civil en France et annexées à ces registres sans avoir été préalablement timbrées lorqu'elles ont été délivrées pour l'usage exclusif de l'administration française.

Les expéditions des actes de naissance ou de mariage contenant reconnaissance d'enfant naturel ne sont pas sujettes à l'enregistrement dans les deux cas ci-dessus spécifiés. Les maires doivent veiller à ce que la destination spéciale de ces expéditions soit toujours mentionnée.

(Instruction concertée entre les départements des finances et de la justice. — Lettre au ministre de l'intérieur, du 20 janvier 1879.)

(379 B. 78 et 9006 B. 3)

19 mai 1880

Etat civil. — Expédition.

Monsieur le Procureur Général,

Je vous adresse en vous priant de vouloir bien en faire parvenir un exemplaire à chacun de vos substituts une circulaire par laquelle M. le ministre des affaires étrangères indique que par suite des changements apportés dans les différents services de son administration, le premier bureau de la sous-direction du droit international privé est désormais chargé de toutes les questions relatives à l'état civil.

Cette circulaire porte le type des signatures des fonctionnaires désignés pour délivrer les expéditions des actes dressés par les agents français à l'étranger ou pour viser les actes échangés entre la France et les puissances liées, à cet effet, avec elle, par des traités.

Mars 1881

Successions. — Etrangers. — Conventions en France. — Juges de paix

Par trois circulaires, en date du 14 juin 1869, 17 août 1872 et 8 novembre 1875, la chancellerie a rappelé aux chefs de parquet l'intérêt qui s'attache à ce que les consuls des nations avec lesquelles sont intervenus des traités relatifs au réglement des successions soient prévenus du décès de leurs nationaux.

Certaines omissions ayant été récemment signalées, le Garde des Sceaux rappelle aux juges de paix que ces avertissements doivent être donnés dans le plus bref délai aux consuls les plus rapprochés du lieu de leur résidence.

9 juin 1881

Mariages étrangers. — Indigents

Le gouvernement français n'a pas qualité pour servir d'intermédiaire entre les étrangers résidant en France et l'administration du pays auxquels ils appartiennent.

C'est seulement dans des cas exceptionnels ou l'intérêt d'un Français se trouverait engagé, que le département des affaires étrangères peut intervenir officieusement pour presser la délivrance d'un acte à l'étranger et faciliter le règlement des difficultés qui en retarderaient la production. En règle générale, il convient de se pourvoir directement auprès des autorités compétentes. Il doit notamment en être ainsi à l'égard des pièces nécessaires au mariage des étrangers en état d'indigence. Les intéressés doivent donc s'adresser soit à la légation de leur pays à Paris, soit au consul de leur nation le plus rapproché de leur résidence. Lorsqu'il s'agit d'un mariage entre français et étranger auquel le cas de la loi du 10 décembre 1850 est applicable (art. 9), cette communication peut être faite par les officiers de l'état civil ou les membres du parquet.

Il y a, dans un grand nombre de cas, utilité à ce que les représentants des nations étrangères en France soient instruits des intentions de leurs nationaux et des modifications qu'ils se proposent d'apporter à leur état civil. Il ne peut également qu'être avantageux pour ces derniers de se mettre en rapport direct avec les consuls qui sont à même, par des conseils donnés à ce propos, de les empêcher parfois d'accomplir des actes qui pourraient les mettre dans une situation irrégulière au point de vue de la législation de leur pays.

(Dépêche du ministre des affaires étrangères du 9 juin 1881. — Dossier 833 B. 81.)

---

9 juin 1881

Actes de l'état civil. — Echange

Une déclaration concernant la communication réciproque des actes de l'état civil a été signée le 24 mai 1881 entre la France et la principauté de Monaco. Cette déclaration, approuvée par un décret du 30 du même mois, a été insérée au *Journal officiel* du 31. Pour la transmission des actes concernant les nationaux des deux pays, il y aura lieu de se référer à la circulaire du 11 mai 1875 relative à l'exécution analogue conclue entre la France et l'Italie ainsi qu'aux instructions relatées dans le *Bulletin officiel*.

(Année 1878, page 128 et année 1879, page 6).

Légalisations. — Mariages des étrangers en France

Monsieur le Procureur de la République,

Vous avez, au mois de décembre dernier, exprimé le désir de recevoir des éclaircissements au sujet d'une question soulevée par la mairie du VIIIme arrondissement de la ville de Paris et se rapportant à la légalisation des pièces délivrées par des autorités étrangères en vue des mariages à contracter en France. Votre parquet autoriserait, en principe, les officiers de l'état civil, à passer outre la célébration des mariages sans exiger pour les actes délivrés à l'étranger la légalisation du consul français lorsque les actes légalisés par l'autorité étrangère ou par son représentant en France portent. en outre, le visa du département des affaires étrangères.

Monsieur le Maire du VIIIme arrondissement ne juge pas ces formalités suffisantes et considère comme indispensable, dans les pays ou résident des consuls français, la légalisation des actes par ces agents. Ce principe avait été consacré d'une manière formelle par l'article 23 de l'ordonnance de 1681 ; il a été confirmé par l'article 32 de l'ordonnance du 24 mai 1728, par les articles 6, 7 et suivants de l'ordonnance du 25 octobre 1833. Ces textes étaient précis et chaque fois que mes prédécesseurs ont été appelés à émettre un avis, ils ont reconnu qu'en effet la légalisation des signatures des autorités locales par les représentants à l'étranger du gouvernement français devait être exigée. Les circulaires de M. le Procureur Général de Paris, des 10 août et 23 janvier 1856, n'ont été que la reproduction d'instructions adressées à ce sujet par mon département.

Toutefois, depuis cette époque, un certain nombre de conventions signées avec des Etats voisins, ont apporté des dérogations à la règle ci-dessus rappelée.

C'est ainsi que les déclarations signées le 24 décembre 1867, avec le grand duché du Luxembourg; le 14 juin 1872, avec l'Allemagne pour l'Alsace-Lorraine; le 18 octobre 1879 avec la Belgique, ont eu pour objet de simplifier la légalisation des actes pour l'état civil et pour l'Alsace-Lorraine des documents judiciaires et autres analogues délivrés par les autorités compétentes de ces pays.

Il suffit, hors le cas où il y aurait lieu de mettre en doute l'authenticité des pièces produites, que ces actes soient légalisés soit par le Président du tribunal, soit par un juge de paix ou son suppléant. Ces déclarations ont ainsi pour résultat d'autoriser la production d'actes portant la seule légalisation des autorités étrangères. Deux d'entre elles ont été spécialement conclues en vue de simplifier les formalités nécessaires pour contracter mariage. Pour les pays autres que les trois contrées ci-dessus mentionnées, lesquelles jouissent d'une situation privilégiée, il convient de se référer aux dispositions qui ont pris place dans des conventions d'une portée plus générale.

Dans les conventions signées avec l'Italie le 26 juillet 1862 (art. 8) ; avec le Portugal le 11 juillet 1860 (art. 7) ; avec l'Autriche-Hongrie, le 11 décembre 1866 (art. 9), il est expressément stipulé que les consuls auront le droit de traduire et de légaliser toute espèce de documents émanant des autorités ou des fonctionnaires de leurs pays respectifs. Les autres conventions consulaires attribuent aux consuls le traitement qui est ou serait accordé aux agents de la nation la plus favorisée ; il en résulte qu'il y a lieu de reconnaître, d'une manière générale, aux agents de toutes les nations étrangères avec lesquelles nous sommes liés par des conventions, le pouvoir de légaliser en France les actes ou documents émanés des fonctionnaires du pays qu'ils représentent.

M. le ministre des affaires étrangères ajoute que pour quelques pays, avec lesquels nous n'avons pas conclu d'actes diplomatiques de cette nature, le même régime a été établi par l'usage et en vertu du principe de réciprocité qui régit habituellement, en l'absence de stipulations conventionnelles, les rapports nationaux, en particulier la situation des agents consulaires. Ces états sont très peu nombreux et il ne serait pas sans inconvénients de les soumettre à un traitement d'exception.

Mon collègue estime, en conséquence, que sous peine de donner naissance à des difficultés, nous devons accepter, soit en vertu de conventions expresses soit à raison de la réciprocité, la légalisation de tous les consuls étrangers en France sous la seule réserve que leurs signatures soient revêtues du visa du département des affaires étrangères.

10 mars 1883

Monsieur le Procureur Général,

Une circulaire de l'un de mes prédécesseurs, en date du 26 janvier 1876, a appelé l'attention des officiers de l'état civil sur les justifications que doivent produire les sujets italiens afin d'être admis à contracter mariage en France.

Cette instruction rappelle que le code italien, tout en empruntant à notre code civil la plupart de ses dispositions relatives aux conditions et qualités requises pour le mariage, n'a pas exigé la formalité des actes respectueux. Il a seulement réservé aux ascendants (art. 82) le droit de former opposition, lorsque le fils majeur de 25 ans et la fille majeure de 21 ans ne sont plus tenus de justifier du consentement de leurs auteurs.

En conséquence, il est inutile d'exiger en France des sujets italiens, majeurs quand au mariage, la preuve du consentement de leurs père, mère ou à défaut de ceux-ci, de leurs aïeuls ou aïeules, puisque la loi du royaume ne leur impose pas cette justification. Toutefois, pour qu'il fut établi, dans la limite du possible, que les futurs ont satisfait aux règles de leur statut personnel, et que leurs auteurs ont été mis à même d'exercer leurs droits d'opposition, nos officiers de l'état civil ont été invités par la circulaire de 1876, à exiger un certificat constatant que les futurs ont fait procéder, au lieu de leur dernier domicile en Italie, aux publications prescrites par l'article 100 du code italien.

Ledit article, tout en décidant que le mariage contracté en pays étranger est valable s'il a été célébré suivant les formes usitées dans leur pays et si le national Italien n'a pas contrevenu aux conditions de son statut personnel, prescrit, en outre, que les publications du mariage aient lieu en Italie, suivant les formes édictées aux articles 70 et 71.

D'après les renseignements qui me sont transmis par M. le ministre des affaires étrangères, les recommandations de la dite circulaire seraient demeurées inconnues d'un grand nombre de maires ou, tout au moins, seraient tombées en oubli. Beaucoup d'officiers de l'état civil se croiraient notamment dans l'obligation d'exiger les actes de décès des ascendants. La dispense de justifier du consentemant de ces ascendants implique nécessairement celle de produire leurs actes de décès. Si ces actes, en effet, sont exigés des français qui veulent contracter mariage, c'est afin que l'officier de l'état civil puisse s'assurer que les futurs ne sont, suivant notre législation, placés sous la dépendance de personne. Cette justification devient superflue ; en raison des dispositions rappelées plus haut, quand il s'agit d'Italiens, majeurs quand au mariage. Il doit suffire que ces étrangers s'adressent à leurs consuls pour demander qu'il soit procédé, dans leur commune d'origine, aux publications du mariage qu'ils se proposent de contracter en France et qu'ils remettent ensuite à l'officier de l'état civil le certificat constatant que ces publications ont été effectuées.

En second lieu, M. l'ambassadeur d'Italie a signalé au département des affaires étrangères le refus opposé par certains officiers de l'état civil de reconnaître les légalisations et les traductions contre signées par les consuls italiens. D'après l'article 8 de la convention du 26 juillet 1862, intervenue en tre l'Italie et la France ; « les consuls d'Italie en France ont qualité pour traduire et légaliser tout espèce de documents émanés des autorités ou fonctionnaires de leur pays, et ces traductions auront dans le pays de leur résidence, la même force que si elles eussent été faites par les interprêtes jurés du pays. » Il y a lieu de rappeler cette disposition aux officiers de l'état civil de votre ressort.

Pour que les présentes instructions soient portées à la connaissance de tous les maires, je vais prier M. le ministre de l'intérieur de vouloir bien les faire insérer au Bulletin des communes. J'ai l'espoir qu'elles préviendront pour l'avenir, toutes difficultés. Veuillez en ce qui vous concerne, inviter vos substituts à tenir la main à leur fidèle exécution.

22 novembre 1887

Mariage. — Timbre et enregistrement. — étrangers indigents.

Monsieur le maire,

La loi du 10 décembre 1850, ayant pour objet de faciliter le mariage des indigents et la légitimation de leurs enfants naturels est applicable au mariage entre Français et étrangers (art. 9) ; mais la circulaire du ministre de l'intérieur du 29 mars 1851, relative à l'application de cette loi, en rappelant cette disposition, a recommandé de ne pas l'étendre au delà de ses limites naturelles et a relaté ce passage du rapport de la commission qui détermine la portée de l'article 9.

Nous avons consacré par une disposition formelle l'application de la loi à l'étranger qui contracte mariage en France, avec un français ou une française. Lorque les conjoints sont tous deux étrangers, ils ne peuvent donc invoquer le bénéfice de la loi. (Décision ministérielle du 18 juillet 1877. Bulletin officiel de 1877, p. 92).

M. le ministre des finances a néanmoins

appris que dans la plupart des arrondissements ds Paris et contrairement aux termes de la loi, l'exemption des droits du timbre et d'enregistrement pour les pièces à produire en vue de contracter mariage, était accordée à tous les indigents nationaux ou étrangers indistinctement. Il a, en conséquence, appelé sur cet abus préjudiciable aux intérêts du trésor l'attention du Procureur général, qui m'a demandé de prendre des mesures pour le faire cesser.

J'ai l'honneur, M. le maire, de porter les observations qui précèdent à votre connaissance, en vous priant de vouloir bien donner des instructions pour qu'à l'avenir les dispositions de la loi concernant le timbre et l'enregistrement soient strictement observées en ce qui concerne les pièces produites par des étrangers qui contractent mariage à Paris.

Vous voudrez bien m'accuser réception de la présente circulaire.

10 décembre 1887

Etat civil. — Juge de paix. — Décès des étrangers.

L'arrêté du Directoire exécutif, en date du

22 prairial an V, préscrit aux agents municipaux des communes où ne réside pas un juge de paix, de notifier à ce magistrat la mort de toute personne laissant des héritiers ou des pupilles mineurs ou absents.

Ces dispositions paraissent être tombées en désuétude dans la plupart des communes rurales qu'elles visent exclusivement ; néanmoins, les inconvénients de cette omission sont rarement graves dans les cantons ruraux dont tous les habitants se connaissent suffisamment pour que le juge de paix soit le plus souvent informé, en temps utile, des décès à la suite desquels il doit intervenir.

Il en est autrement des villes importantes et même des chefs-lieux de canton où la population plus nombreuse est moins sédentaire et ou le juge de paix se trouve souvent dans l'impossibilité de savoir quand il y a lieu de procéder d'office à l'apposition des scellés. L'absence de cette formalité conservatoire est aussi funeste aux intérêts du trésor public qu'à ceux des mineurs et des absents, faute d'assurer dans tous les cas l'exécution des articles 405 à 420 du code civil qui prescrivent l'organisation des tutelles et celles des articles 451 à 452, qui exigent la confection d'un inventaire et dans certains cas déterminés.

Pour éviter les négligences, parfois involontaires mais souvent aussi calculées, il suffirait d'exiger des officiers municipaux l'exécution des prescriptions de l'arrêté du 22 prairial an V, en les étendant à toutes les communes sans exception. Déjà, à la suite d'une entente avec M. le Garde des Sceaux cette mesure a été adoptée depuis quelques années dans les mairies de Paris et elle a donné les meilleurs résultats. J'ai donc décidé, sur la demande de M. le ministre de la justice, qu'elle serait étendue à tout le territoire de la République. A cet effet, lors de la déclaration de chaque décès, l'officier de l'état civil devra demander aux déclarants si le défunt laisse des héritiers mineurs ou absents, ou des pupilles.

Vous trouverez annexé à la présente circulaire le modèle conforme à celui qui a été adopté par la ville de Paris, de la feuille de déclaration que l'officier de l'état civil devra remplir et adresser au juge de paix du canton, toutes les fois qu'il y aura lieu. Il serait également à désirer que ces magistrats reçussent avis du décès des étrangers.

Vous n'ignorez pas, M. le préfet, qu'un certain nombre de conventions passées avec des puissances étrangères, imposent aux juges de paix l'obligation de prévenir, dans le plus bref délai possible, les consuls de ces puissances. Ces magistrats ne peuvent accomplir ce devoir s'ils ne sont avisés par les maires des décès qu'ils doivent notifier eux-mêmes aux consuls, autorisés par des traités à administrer et à liquider les successions. En conséquence, le modèle d'avis que j'ai fait préparer, contient l'indication de la nationalité du défunt et l'avis du décès devra être donné lors même que l'étranger décédé ne laisserait aucun héritier.

Je vous prie, Monsieur le Préfet, de vouloir bien porter ces instructions à la connaissance des maires par la voie du Recueil des actes administratifs et de tenir la main au fonctionnement régulier d'une mesure qui touche à la fois aux intérêts des familles et à ceux du trésor public.

CIRCULAIRE

20 octobre 1888

Etrangers. — Déclaration de nationalité. — Transmission au ministère de la justice.

Monsieur le Préfet,

Certaines catégories d'étrangers peuvent acquérir la qualité de français par une simple déclaration faite devant l'autorité municipale de leur résidence.

Aux termes de la circulaire du ministre de l'intérieur, en date du 24 mars 1881, ces déclarations doivent être consignées sur un registre déposé dans chaque mairie ; mais aucune mesure générale n'a encore été prise pour les porter à la connaissance du gouvernement.

Dès lors les individus qui ont opté pour la nationalité française peuvent invoquer cette option quand ils y ont intérêt et la passer sous silence quand ils veulent se soustraire aux charges qui en résultent. Les autorités administratives ou judiciaires se trouvent ainsi dans l'impossibilité de faire à l'égard de ces individus la preuve de leur nationalité, lorsque la commune où leur déclaration a été reçue n'est pas connue.

Pour remédier à cet inconvénient, il m'a paru indispensable de faire centraliser au ministère de la justice, ou elles seront classées par ordre alphabétique, toutes les déclarations de nationalité.

Je vous prie en conséquence d'inviter les maires de votre département à me faire parvenir, par votre intermédiaire, une copie de toutes les déclarations de ce genre qui seront reçues par eux.

Vous voudrez bien leur rappeler en même temps qu'ils doivent exiger des parties toutes les justifications nécessaires pour s'assurer, sous leur responsabilité, que les déclarations sont régulièrement souscrites. En cas de difficultés, vous leur recommanderez de m'en référer immédiatement avant de consigner la déclaration sur le registre. J'ai pris soin, d'ailleurs, de reproduire ci-après les textes en vertu desquels la qualité de français peut s'acquérir par une simple déclaration.

Je vous prie de vouloir bien me faire connaître les mesures que vous aurez cru devoir prendre pour assurer l'exécution des présentes instructions.

DECRET. — Portant promulgation de la convention conclue, le 19 février 1870, entre la France et l'Italie. et relative à l'assistance judiciaire.

Du 7 mai 1870.

Napoléon, etc., etc.

Article 1er. — Une convention relative à l'assistance judiciaire ayant été conclue, le 19 février 1870 entre la France et l'Italie, et les ratifications de cet acte ayant été échangées à Paris, le 26 avril 1870, ladite convention dont la teneur suit, recevra sa pleine et entière exécution.

CONVENTION

Sa Majesté l'Empereur des Français et sa Majesté le Roi d'Italie, désirant d'un commun accord, conclure une convention pour assurer réciproquement le bénéfice de l'assistance judiciaire aux nationaux de l'autre pays, ont nommé à cet effet pour leurs plénipotentiaires, savoir ....

Lesquels, après s'être communiqués leur pleins pouvoirs, sont convenus des articles suivants :

Article 1er. — Les français en Italie, les Italiens en France, jouiront réciproquement du bénéfice de l'assistance judiciaire, comme les nationaux eux-mêmes, en se conformant à la loi du pays dans lequel l'assistance sera réclamée.

Art. 2. — Dans tous les cas, le certificat d'indigence doit être délivré à l'étranger qui demande l'assistance par les autorités de sa résidence habituelle.

S'il ne réside pas dans le pays ou la demande est formée, le certificat d'indigence sera approuvé et légalisé par l'agent diplomatique du pays où le certificat doit être produit.

Lorsque l'étranger réside dans le pays où la demande est formée, des renseignements pourront, en outre, être pris auprès des autorités de la nation à laquelle il appartient.

Art. 3. — Les français admis, en Italie, les italiens admis en France, au bénéfice de l'assistance judiciaire, seront dispensés, de plein droit, de toute caution ou dépôt qui, sous quelque dénomination que ce soit, peut-être exigé des étrangers plaidant contre les nationaux par la législation du pays où l'action est introduite.

Art. 4. — La présente convention est conclue pour cinq années, à partir du jour de l'échange des ratifications.

Dans le cas où aucune des Hautes-Parties contractantes n'aurait notifié, une année avant l'expiration de ce terme, son intention d'en faire cesser les effets, la conventien continuera d'être obligatoire encore une année, et ainsi de suite d'année en année, jusqu'à l'expiration d'une année, à compter du jour où l'une des parties l'aura dénoncé.

MODÈLES

N° 1

Actes de naissances concernant un italien

L'an mil huit cent   le   à   heure du   par devant nous, maire et officier de l'état civil de la commune de arrondissement de département de est comparu âgé de ans profession de né à (Italie) lequel, etc., etc. (Le reste comme dans les actes de naissances ordinaires.)

N° 2

Lettre d'envoi concernant les actes de naissances des italiens

Monsieur le Préfet (ou Sous-Préfet,)

Conformément aux dispositions de la convention du 11 février 1875 et de la circulaire ministérielle du 11 mai de la même année, j'ai l'honneur de vous adresser des copies d'actes de naissances concernant des italiens reçus en cette mairie, pendant le semestre de et destinées à être transmises par voie diplomatique au gouvernement italien.

Veuillez agréer, Monsieur le Préfet, l'hommage de mes sentiments respectueux

N° 3
Transcription d'un acte de naissance reçu en Italie

L'an mil huit cent le à heure du nous, maire et officier de l'état civil de la commune de arrondissement de avons transcrit sur les registres courants de ladite commune, l'acte de naissance ci-après, dont l'envoi nous a été fait en exécution de la convention conclue entre la France et l'Italie le 11 février 1875.

(transcrire l'acte en entier)

Et avons dressé le présent acte que nous avons signé :

(Signature)

N° 4
Acte de décès d'un italien

L'an mil huit-cent et le à heure par devant nous (noms et prénoms) maire et officier de l'état civil de la commune de arrondissement de département de ont comparu Louis-Joseph

SATURNIN, âgé de 30 ans, épicier, et RENARD Joseph, âgé de 48 ans, cordonnier, demeurant tous deux à rue voisins du défunt, lesquels nous ont déclaré que Marius JÉROME, âgé de 65 ans, minotier, domicilié en cette commune, né à Pirolo (Italie), fils de et de est décédé (Le reste comme dans les formules ordinaires.)

N° 5

Bulletin de décès d'un italien

RÉPUBLIQUE FRANÇAISE

Commune de

DECLARATION DE DÉCÈS

Noms et prénoms

Age

Nationalité

Profession

Marié ou veuf

Le défunt laisse :

(1) Héritiers mineurs (2)

(1) Héritiers absents (2)

(1) Pupilles (2)

---

(1) Le nombre s'il est possible

(2) Les désigner si c'est possible.

Domicile du décédé
Date du décès

le 18

Le Maire,

N° 6

Lettre au juge de paix pour l'informer du décès d'un italien

Monsieur le juge de paix,

J'ai l'honneur de vous faire parvenir un bulletin de décès relatif à un italien.

Ce bulletin contient des renseignements sommaires sur l'individualité du défunt qui vous mettront à même d'exécuter, s'il y a lieu, la convention consulaire du 26 juillet 1862 et les instructions ministérielles qui l'ont suivie.

Veuillez agréer, etc.

Le Maire,

(Signature)

N° 7

Transcription d'un acte de décès reçu en Italie

L'an mil huit cent et le nous (noms et prénoms) maire et officier de l'état civil de la commune de arrondissement de département de avons reçu de l'acte de décès écrit en langue italienne et régulièrement traduit dont la teneur suit (copier la traduction) de laquelle transcription nous avons dressé le présent acte que nous avons signé.

(Signature)

N° 8

Main levée d'opposition

MENTION A INSÉRER EN MARGE

Main levée de l'opposition concernant les dénommés ci-contre a été donnée par demeurant à opposant, suivant acte reçu M^e^ à le

(Signature)

N° 9

Réquisition pour publications

Le Maire de Officier de l'Etat Civil, a été requis de procéder aux publications du mariage projeté entre :

(Nom, prénoms, âge, profession, domicile du futur époux, sa qualité de majeur ou de mineur ; — nom, prénoms, profession, âge, domicile de son père s'il est vivant ou décédé ; — nom, prénoms, âge, profession, domicile de sa mère si elle est vivante ou décédée.)

d'une part,

Et

(Nom prénoms, âge, profession, domicile de la future épouse, si elle est majeure ou mineure ; et les mêmes indications que pour le futur époux)

Ces publications (ont eu, ou auront) lieu en cette Mairie les dimanches,

Et, attendu qu'aux termes de la loi, pareilles publications doivent être aussi faites à

(lieu ou doivent être faites les publications) domicile de droit d futur épou le Maire de , requiert M. le Syndic, officier de l'état civil d , de vouloir bien, la présente reçue, faire procéder, en sa Mairie, à ces publications, et lui adresser, après les délais légaux, le certificat constatant qu'il n'y a pas eu d'opposition

le 18

Le Maire de

N° 9

Traduction italienne

DE LA RÉQUISITION

Il maire di , Ufficiale dello Stato Civile, fu richiesto di procedere alla publicazioni del Matrimonio da contrarsi fra :

da una parte :

E

dall'altra

Le richieste publicazioni in questo Ufficio, nei giorni di Domenica

E, piochè a termini della legge eguali pubblicazioni, devono altresi eseguirsi a domicilio di diritto d futur spos , il maire di richiede al signor Sindaco, Ufficiale dello Stato civile d , di voler procedere, tosto che avrà ricevuto la presente, a suddette pubblicazioni nel suo comune, e rinviargliene, dopo i termini legali, il relativo certificato constatante che non venne interposta alcuna opposizione.

il 18

N° 10

Opposition au mariage, — visa du maire

Vu par nous maire et officier de l'état civil de la commune de canton de arrondissement en conformité de la loi le présent acte d'opposition dont copie nous a été signifiée le

(Signature)

N° 11

Mention d'opposition sur le registre

L'an mil huit cent le à heure du nous maire et officier de l'état civil de la commune de agissant en exécution de la loi, avons écrit la mention suivante : par ministère de huissier au tribunal de 1re instance de en date du opposition a été formée par au mariage projeté entre et etc.

(Signature)

N° 12

Main levée de l'opposition

MENTION A INSÉRER EN MARGE

Main levée de l'opposition concernant les dénommés ci-contre a été ordonnée par arrêt de la cour d'appel de revêtu des formes légales et régulièrement traduit.

(Signature)

N° 13

Certificat de publication de mariage après main levée

Nous, etc., etc.

(le reste comme dans les formules ordinaires)

Certifions en outre, qu'il a été formé opposition au dit mariage par ainsi qu'il résulte d'un acte de maître huissier, et que main levée de cette opposition a été ordonnée par arrêt de la cour de ainsi qu'il résulte des pièces produites.

(Signature)

N° 14

Mariage d'un italien ayant plus de 25 ans

(Le commencement comme pour le mariage des français.)

Puis continuer comme suit : citoyen italien fils de et de demeurant ensemble à lequel n'est pas pourvu de l'autorisation de ses père et mère susnommés, la loi italienne (article 63) qui règle la capacité du futur époux le dispensant de rapporter l'autorisation de ses père et mère et de leur signifier des actes respectueux, lesquels nous ont requis, etc., etc.. (Le reste comme dans les formules ordinaires.)

N. B. — Si la future est italienne et qu'elle soit âgée de plus de 21 ans, on se servira de la même formule.

N° 15

Mariage d'un italien qui ne comprend pas la langue française

L'an mil huit cent le (le reste

comme dans les formules ordinaires de mariage.)

Après ces mots : « sont unis par le mariage, » continuer ainsi : l'époux ou l'épouse étant italien et ne parlant pas la langue française les questions et interpellations ci-dessus, ainsi que ses déclarations et réponses ont eu lieu par l'intermédiaire du sieur (nom et prénoms) âgé de (profession) demeurant à
lequel, initié à la langue italienne, a rempli la mission d'interprète, après avoir dûment prêté serment entre nos mains. Le tout a été fait publiquement, etc., etc.

N° 16

Trancription d'un acte de mariage reçu à l'étranger par des autorités étrangères

L'acte de mariage qui précède a été transcrit par nous (nom et prénoms) maire et officier de l'état civil de la commune de département de le en vertu de l'article 171 du code civil sur la traduction faite par un traducteur. La dite traduction et l'expédition de l'acte original dûment légalisée et visée pour timbre nous ont été remises par et ont été annexées au présent registre après avoir été paraphées par nous et par les parties.

Observation

Depuis l'impression de la première partie de cet opuscule, les lois des 22 mars 1849, 6 février 1851, 16 décembre 1874, 14 février 1882 et 22 juin 1883 ont été abrogées et remplacées par la loi du 26 juin 1889 qui a modifiée les articles 7, 8. 9, 10, 12, 13, 17, 18, 19, 20 et 21 du Code civil; mais les dispositions nouvelles en réunissant et condensant sous un même châpitre les lois antérieures concernant les étrangers n'ont pas changé la situation juridique des Italiens et la procédure relative au mariage de ces derniers reste la même. La nouvelle règlementation prescrit les déclarations, pour l'acquisition de la qualité de français, devant le juge de paix.

FIN

TABLE

Pages

Introduction.

CHAPITRE I

Des conditions requises des Italiens pour contracter mariage.

CHAPITRE II

Des formalités préliminaires.

§ 1.

Des Publications.

§ 2.

Oppositions.

§ 3.

Des Dispenses.

CHAPITRE III

De la rédaction des actes de l'Etat civil concernant les Italiens.

§ 1.

Naissances.

§ 2.

Des Décès.

§ 3.

Actes de publications.

§ 4.

Actes de mariage.

CHAPITRE IV

Formalités qui précèdent ou suivent les actes.

§ 1.

Traductions.

§ 2.

Légalisations.

§ 3.

Indigence.

APPENDICE

Circulaires et Formules.

—

CIRCULAIRES

FORMULAIRE

L. BRUSSET Fils
IMPRIMEUR

www.ingramcontent.com/pod-product-compliance
Ingram Content Group UK Ltd.
Pitfield, Milton Keynes, MK11 3LW, UK
UKHW020208250726
13967UKWH00003B/1336

9 782012 984264